教育部人文社会科学研究青年基金项目（14YJCZH012）

陈怡男　刘鸿渊　著

农民工市民化成本分担激励机制研究

NONGMINGONG SHIMINHUA CHENGBEN FENDAN JILI JIZHI YANJIU

四川大学出版社

项目策划：梁　平　邱小平
责任编辑：孙滨蓉
责任校对：杨　果
封面设计：墨创文化
责任印制：王　炜

图书在版编目（CIP）数据

农民工市民化成本分担激励机制研究 / 陈怡男，刘鸿渊著. — 成都 : 四川大学出版社，2020.11
ISBN 978-7-5690-3073-0

Ⅰ. ①农… Ⅱ. ①陈… ②刘… Ⅲ. ①民工—城市化—社会成本—激励制度—研究—中国 Ⅳ. ①D422.64

中国版本图书馆CIP数据核字（2019）第206496号

书名　农民工市民化成本分担激励机制研究

著　　者	陈怡男　刘鸿渊
出　　版	四川大学出版社
地　　址	成都市一环路南一段24号（610065）
发　　行	四川大学出版社
书　　号	ISBN 978-7-5690-3073-0
印前制作	四川胜翔数码印务设计有限公司
印　　刷	四川盛图彩色印刷有限公司
成品尺寸	170mm×240mm
印　　张	9.25
字　　数	175千字
版　　次	2020年11月第1版
印　　次	2020年11月第1次印刷
定　　价	48.00元

扫码加入读者圈

◆ 读者邮购本书，请与本社发行科联系。
电话：(028)85408408/(028)85401670/
(028)86408023　邮政编码：610065
◆ 本社图书如有印装质量问题，请寄回出版社调换。
◆ 网址：http://press.scu.edu.cn

四川大学出版社
微信公众号

前　言

农民工是我国工业化、城市化和现代化进程中的一种特有称谓，是城乡二元结构及相关制度安排共同作用而出现的一类群体。大量农民工极大地降低了我国工业化、城市化和现代化进程中的经济成本，形成了我国劳动力成本的比较优势，增强了我国制造业的竞争力，是我国巨大的人口红利。近年来，随着我国人口结构的变化，土地价格的上涨，城市住房、教育、医疗等费用支出过高，农民工在城市就业和生活的成本大幅度上涨。由于制造业人工成本上涨，我国市场低成本优势丧失，制造加工业大量外迁东南亚等成本更低国家已成为中国制造加工业梯度转移的一种新趋势。中国大量制造加工业的外迁，导致就业机会的减少和就业结构的变化，农民工就业变难。农民工就业难以及在城市第二、三产业就业难，势必会影响到国家以人为本的新型城镇化方针、目标的实施。由于中国经济社会转型进程中的现实矛盾，坚持以人为本的新型城镇化道路必须妥善地解决农民工难以市民化的现实难题。这客观上要求立足中国工业化、新型城镇化和现代化的现实背景，立足经济、社会高质量发展与和谐社会建设的需要去审视农民工市民化的经济、社会价值，构建相应的机制，达成社会共识，以促进农民工顺利市民化。

本书立足中国工业化、新型城镇化和现代化，立足农民工市民化所产生的巨大经济和社会价值，以利益相关者理论为基础，以农民工市民化具有巨大的经济活动外部性为基本观点开展相关研究。首先，农民工市民化将会从要素层面扩大中国劳动力市场供给，优化劳动力市场结构；其次，农民工市民化将会从需求层面形成一个巨大的消费市场，从而化解中国在钢铁、水泥、玻璃等行业的产能过剩，产生巨大的经济活动外部性；最后，农民工市民化将更加有利于我国农业现代化，缓解农业人地关系紧张的矛盾，有利于提高农业生产效率，促进农业高质量发展。

经济新常态下的农民工市民化的巨大外部性必将形成一个利益相关者集合，收益和成本非一致性在不同利益相关者的收益和成本函数中的不同体现决定了机制设计的重要性。本书基于农民工市民化的巨大外部性，聚焦农民工市民化成本分担机制设计研究，在公共产品供给理论、成本—效益分析理论、公共选择理论的基础上，对农民工市民化成本相关理论和农民工市民化的本质属性进行了探讨，界定了农民工市民化成本，并据此对农民工市民化成本进行了测算。

农民工市民化成本的自然性、社会性决定了其分担主体行为的差异性和动态性，其行为选择是动态博弈的结果。本书从动态博弈的角度，将农民工市民化所涉及的中央政府、地方政府、企业、农民工等利益相关主体纳入农民工市民化的进程中，系统地研究了分担比例、净效用对主体行为的影响和作用，以此为基础并基于委托—代理理论对中央政府、流出地政府和流入地政府的行为进行了研究，发现中央政府、流出地政府和流入地政府之间存在的信息不对称是农民工难以市民化的主要因素，机制设计的重点是如何协调三者之间的关系。

本书本着针对性、可行性、奖惩并用的原则，从财政分权体制、企业税收体制、农村土地流转体制、政府购买社会服务机制四个方面构建起了农民工市民化成本分担机制，从农民工所涉及的企业、地方政府、农民工自身三个方面提出了具体的成本分担措施。

目　录

第一章　概　论

一、问题的提出

改革开放以来，在工业化和城镇化的双轮驱动下，我国沉寂已久的城乡人口流动活力被激发并持续释放，大量农村剩余劳动力转移到城市工业部门从事第二、三产业的相关劳动，极大地促进了我国工业化和城镇化的快速发展，极大地促进了我国经济的增长。由于城乡二元结构体制的作用和影响，在农村剩余劳动力向城市第二、三产业转移过程中，迅速催生出一个新的特殊群体——农民工，即他们的身份和职业是相互分离的，他们是农村人口，仅能享受农村的基本公共服务，其从事的却是第二、三产业的职业，不能享受到城市人口的公共服务。国家统计局公布的数据显示，截至 2016 年末，我国农民工数量超过 2.8 亿，其中，外出农民工 1.69 亿人①。如此庞大的农民工群体在市民化的进程中，肯定会遇到方方面面的困难。可以说，当前农民工市民化问题已经成为我国在深化改革和全面建成小康社会进程中不可回避的重大经济和社会议题。李克强总理在 2014 年《政府工作报告》中指出："今后一个时期，着重解决好现有'三个 1 亿人'问题，促进约 1 亿农业转移人口落户城镇，改造约 1 亿人居住的城镇棚户区和城中村，引导约 1 亿人在中西部地区就近城镇化。"②他还强调：推动户籍制度改革、实施农民工职业技能提升计划和推进城镇基本公共服务常住人口全覆盖等措施，有序推进农民工市民化。

立足中国经济新常态和高质量发展的时代背景，稳步有序推进农民工市民

---

① http://www.stats.gov.cn/tjsj/zxfb/201704/t20170428_1489334.html，国家统计局网站，《2016 年全国农民工监测调查报告》。

② http://www.gov.cn/guowuyuan/2014-03/14/content_2638989.htm，中国政府网，2014 年《政府工作报告》。

化对我国经济社会发展具有重大意义：

第一，推进农民工市民化是全面建成小康社会的内在要求。按照党中央和国务院的战略部署，到中国共产党成立100年时，我国全面建成小康社会，为21世纪中叶基本实现现代化打下坚实的基础。对于全面建成小康社会目标的实现，客观上要求当前超过我国总人口比例五分之一且约占全国城镇常住人口四分之一的农民工人口也应该拥有达成小康的条件和达到相应的生活水平。而长期以来，农民工的城市融入状况并不理想，农民工群体长期徘徊于农村和城镇，很难获取有助于他们实现小康的发展条件。农民工市民化，能够使农民工获得与城镇居民同等的福利待遇，在推进城镇化进程的同时也能够有效提升农民工群体的自我发展能力与水平。这是农民工群体奔小康的重要途径。

第二，推进农民工市民化是我国现阶段转变经济发展方式，由出口驱动向内需驱动转型的重要突破口。当前，影响和制约我国经济持续健康发展的因素包括出口受阻，此外，在很大程度上也可归结为国内消费不振，尤其是广大农村人口的消费乏力制约着中国经济的有效增长。在此背景下，解决国内需求特别是消费需求不足已经成为提振我国经济发展的主要对策。目前，农民工的消费潜力尚未得到充分挖掘和释放，如何有效释放农民工的消费潜力使之成为扩大内需的一股重要有生力量，是当前亟须解决的问题。国家统计局相关统计数据表明，2016年我国城乡居民人均消费支出差额超过12000元。按此估算，即使农民工大部分时间居住在城镇，消费支出较农村居民有所增加，但与一般城镇居民相比，也存在着较大的消费支出差距。1.69亿农民工在分批逐渐实现市民化的情况下，将会对每年国内新增消费支出起到一个巨大的提升作用。因此，推进农民工市民化是当前提振国内消费的关键举措和重要突破口。

第三，推进农民工市民化是深化新型城镇化的内在要求。新型城镇化有别于既有的城镇化，是以人为本的城镇化。新型城镇化发展不仅限于城镇人口的增长和城镇数量的增加，还需要提升城镇综合发展能力和城镇居民的生活水平。农民工市民化一方面可以刺激城镇为适应人口流动而加大各项公共基础设施建设、优化产业布局，综合提升自身发展能力等，促进规模众多的中小城镇做大做强，真正成为新型城镇化的主要载体。另一方面，农民工市民化可以使农民工自身有效转化为城镇居民，为城镇经济发展带来长期稳定的劳动力资源，促进城镇产业集聚与人口集聚良性互动，促进大中小城市、小城镇和城市群协调发展，推进新型城镇化进程。

第四，推进农民工市民化是实现区域联动和城乡一体化发展机制的重要路径。农民工市民化，可以促进区域和城乡之间在产业转移的过程中实现优势互补，实现产业在区域间的合理分布，并促使区域和城乡之间在农民工就业、社会保障、子女入学和住房安置等方面形成综合性对口支援的联动发展机制，促进地区间协调发展。通过农民工市民化，合理构建农民工对农村土地承包、宅基地和相关集体分配权益的退出机制，有利于农村进一步积累资源，发展农业和农村经济，为增加农民收入、推进新农村建设和促进城乡协调发展创造有利条件。

第五，推进农民工市民化是缩小居民收入差距、体现社会公平的重要措施。推进农民工市民化，使农民工长期缺失的就业和社会保障、子女教育和住房保障等基本权益得到补偿，有效解决这一群体的发展困境，并且有利于缩小收入分配和城乡差距，体现社会公平。

农民工市民化意味着进城农民要享受与本地市民相同的各项权利和服务，这就需要弥补城乡二元结构所导致的福利待遇差异。近年来中央政府出台了一系列政策促进农民工市民化，一些地方政府也纷纷出台了农民工落户政策，然而仅有少数有较好经济条件和较高能力的农民工成功转化为市民。究其原因：一方面是受制于制度约束，如户籍制度、财政制度和土地流转制度等；另一方面也有农民工自身因素，如农民工自身综合素质、个人资本等。当然，从成本及其主体分担的角度看，缺乏一个有效的成本分担机制和格局，是制约农民工市民化顺利进行的一大关键因素。在这个层面上分析，主要是农民工市民化具有公共产品属性，在不同层级、不同区域的政府之间形成一个复杂的成本与收益结构，不同行为主体之间不同的成本与收益结构，使农民工市民化面临激励不相容的现实困境。当政府难以基于行政地理范围将农民工市民化的成本与收益内部化时，就会出现政府决策的目标依然是以有利于城市的资金、人才等要素的聚集，而忽略农民工市民化。因此，建立一套行之有效的成本分担激励机制，是解决农民工市民化的收益与成本投入不一致，协调不同主体利益，推动经济社会发展与城乡统筹的有效模式。

二、研究目的和意义

农民工市民化是一项系统工程，涉及多个利益主体，核心在于解决其成本分担的问题。在制度约束的现实环境中和农民工市民化成本分担主体的经济理性作用下，农民工市民化成本分担问题的解决路径仍然应从体制改革出发，以制度供给的方式构建必要的成本分担激励机制，促使政府、企业、农民工个体、市场以及第三部门对农民工市民化成本的积极分担。本课题以我国当前农民工市民化的公共属性为问题研究的逻辑起点，以当前农民工市民化改革进展迟缓的状况为客观研究现实，分析当前农民工市民化成本分担遭遇的困境及破解思路。我们以公共产品供给、成本—效益分析、公共选择等理论为基础，探讨我国农民工市民化成本的源起、特征和影响因素，并侧重对农民工市民化成本分担的现实困境进行经验分析，深入剖析其制度根源，最终提出符合我国实际的农民工市民化成本分担激励机制和相应政策建议。综合而言，本课题从理论和经验上分析农民工市民化的成本及其分担和激励问题，对农民工市民化问题的研究做出必要的研究尝试，对于构建合理的农民工市民化成本分担机制具有一定的研究意义，并能从实践层面为当前农民工市民化成本分担的激励机制提供切实可行的对策建议。

三、国内外相关研究述评

（一）国外研究现状

农民工的职业转换和身份转换不一致是我国农村劳动力转移过程中的特有现象。国外有大量的涉及农村劳动力转移理论，如刘易斯模式、乔根森模式、托达罗模式，但这些理论只是对劳动力流动和转移进行了研究，几乎没有涉及农民工市民化的权威理论和研究成果。这些研究以及发达国家工业化进程实践表明，农民工市民化是解决城镇化和农民工问题的最终出路。

产业间、地区间的人口转移与流动是经济发展过程中必然出现的经济社会现象。国外学者从产业经济学、人口学、社会学等多个角度对人口流动和劳动力转移进行了大量研究。随着发展中国家工业化和城镇化问题的出现，国外学者不再仅限于探讨人口转移的动因、规律和影响，而是更深入地研究人口迁移现象的内在机制、影响因素、社会实践价值等，形成许多理论。本书大致将其划分为以下两个分析框架。

1. 结构转换理论

1954年，刘易斯在《无限劳动力供给下的经济发展》一文中首次提出二元经济结构和劳动力转移模型。他指出，发展中国家的国民经济中存在着两种性质完全不同的结构或部门：工业部门和农业部门。以传统生产方式为主的农业部门虽然拥有富余劳动力，但这部分劳动力的边际收益却为零。同时，现代化高新生产技术与方法使得工业部门与农业部门之间的劳动力薪酬待遇差异日益明显，最终农村向城镇进行劳动力转移成为发展中国家的一个正常经济社会现象。

基于二元经济结构的思想，国内外学者从不同角度进行了深入研究。原新（1998）将二元经济论与我国国情、社会经济制度和经济发展模式相结合，指出我国劳动力转移现象是复杂多样的，主要有计划迁移、自发迁移和劳动力流动三类。农业投入的扩大和资本的快速积累能有效推动我国劳动力转移，实现二元经济结构转换下的经济持续增长（郭涛、宋德勇，2006）。同时，扩大农民的土地所有权将会促进农民利用“自我雇用”和“自由民”的自身优势，进行传统农业部门的投资与经营，或劳动力进一步向城市转移以满足工业部门用工需求（李体欣、张琦，2010）。熊婕和腾洋洋（2010）在对1985—2008年我国不同学历的劳动力流动情况和收入差距的实证分析中发现，技能型劳动力虽然对城乡差距缩小具有正面影响，但人力资本对农村的外溢效应有限，因此，提高技能型劳动力的比例和缩短劳动力流动半径将有效促进城乡产业发展，扩大人力资本的外溢效应。

2. 成本—收益分析转移理论

在工业化过程中，盲目的劳动力转移不仅阻碍了经济社会的良性发展，而且造成大量的失业。因此，经济学家托达罗（1969）认为，城乡间预期收入将会对农村剩余劳动力转移形成推拉效应，预期收入的差距决定了农村劳动力是否向城镇转移，而且劳动力对城市收入预期越高，潜在转移意愿也就越强。人力资本理论也指出劳动力转移决策是对长期收益的理性反应（高岩辉、刘科伟、张晓露，2008）。

劳动力转移的负外部性促使国内外学者进一步深入研究。程名望和史清华（2009）运用均衡分析模型，指出影响我国农村劳动力向城市转移的因素是多方面的。一方面，良好的文化环境、公共福利因素和技能性收益等因素均会对农村劳动力转移形成拉力；另一方面，我国户籍制度的不完善、城镇环境等因素也会阻碍劳动力的有效转移。依据全国29个省（区）市1995—2006年的面板数据，黄国华（2010）利用回归模型深入分析了我国非农收入的实际效用因素与成本因素对劳动力转移的影响度，并指出提高非农收入的实际效用和降低非农收入成本率，是促进我国农村劳动力合理转移的主要方向。城乡收入差距和农民工人力资本水平有效推动了农村劳动力转移，但在高成本约束和对城镇就业的悲观预期下，剩余农村劳动力均谨慎选择转移（徐宏伟、唐铁山，2015）。

在农民工总量不断扩张的同时，农村劳动力出现了明显的内部代际分化，即 20 世纪 60 年代、70 年代出生的农民工随着年龄的增长，在城市失去了劳动力市场的竞争优势而迫不得已回流农村，他们的子女成为新生代农民工，新生代农民工成为农村劳动力转移与流动的新主体。何微微和胡小平（2016—2017）以四川省、重庆市和贵州省三地为例，利用问卷调查法进行分析并指出，不同于早期以收入预期因素为主要驱动力的劳动力转移，对于新生代农村劳动力而言，包括职业预期、情感需求和城市融入预期在内的非收入预期因素已演化为农村劳动力转移的新驱动力。孙毅（2018）等学者基于新疆南疆地区的实证研究指出，劳动力教育水平和职业培训能直接促进该地区劳动力转移就业的减贫效应，但当教育水平和职业技能达到某“临界点”时，之后的再教育和再培训对转移就业的减贫效应不存在显著差异。

（二）国内研究现状

我国在从传统经济向工业现代经济转变的过程中，产业间和地区间的人口转移与流动是我国经济社会必然出现的现象。伴随着工业化进程的迅速发展，我国城乡收入差距日益扩大，传统生产方式已无法满足农村居民的生活需求，农村劳动力逐步向城镇转移。农民工是指具有农业户口，但在城镇里从事非农业工作的劳动力，是在改革开放和现代化工业进程中成长起来的新兴劳动群体。

大量农民工从农村进入城市，势必引起城市劳动力市场结构的变化，从而加剧城市劳动力市场的竞争。伴随着“民工潮”和城市用工趋于饱和所产生的城镇失业率不断升高，城市居民和农民工之间的矛盾逐步显现，农民工市民化成为解决一系列矛盾的主要方法与趋势。为促进农民工市民化，不少学者从成本研究角度对农民工市民化进行详细阐述，归纳起来，大致可分为以下几个方面。

1. 关于农民工市民化的成本分类

农村剩余劳动力从农村向城市转移是工业化、城镇化和现代化发展的历史必然，既是一种经济现象，也是一种社会现象，必然会引发一系列的社会关系变化，从而产生一系列的成本。李秉龙等（2004）认为农村劳动力转移的成本主要分为经济成本和非经济成本；曹宗平（2009）认为农村劳动力转移成本除了经济成本、心理成本，还有社会成本；段雪芬（2007）认为农民工实现向市民的转变至少要承担城市最低生存成本、转移成本和对更好生活预期的补偿成本。随着对农民工市民化成本问题研究的深入，大多数学者认同把农民工市民化的成本分为私人成本和公共成本。张国胜（2008）、周小刚（2010）认为农民工不会因为市民化而遭受损失，因此不存在私人成本，农民工市民化的成本就只与“政府制度和决策”相关。

在农民工市民化成本分类研究中，最为普遍的是包含公共成本和个人成本。其中，公共成本主要是政府对农民工子女教育、城市公共管理、基础设施建设等投入的成本，以及政府和企业共同承担的社会保障成本；个人成本主要是个人住房与保险支出和用于满足城镇生活的成本（薛以硕、张继良，2014）。陈一非（2013）在测算广东省城镇化成本过程中，将公共成本中企业所承担的社会保障成本区分出来，构建成企业成本，而公共成本仅代表政府所投入的成本。何玲玲和蔡炉明（2016）还指出企业成本除部分社会保障成本，还包含部分职业培训成本，即提高农民工的职业素养和技能，不仅能满足企业自身用工需求，有效缓解“用工荒”问题，而且能帮助农民工适应城市生活，促使其自发的市民化。此外，根据农民工市民化成本的性质，可以划分为私人发展成本和公共发展成本。私人发展成本是农民工在转换为城市市民过程中为满足个人生活需求所支出的住房、教育、社会保险保障等一系列费用，公共发展成本是指用于保障城镇社会经济等可持续发展所必需的基础设施、城市管理等成本（张国胜，2009）。

与老一代农民工相比，新生代农民工由于成长环境与受教育程度的不同，有着不同的社会认同感和生活期望，其相应的个人选择也存在明显差异。同时，随着老一代农民工回流农村，新生代农民工已逐渐成为农民工群体的主导人群。因此，在农民工市民化过程中，新生代农民工是最有市民化需求和可能性的群体。张国胜和谭鑫（2008）以第二代（新生代）农民工为研究对象，指出市民化社会成本主要包括私人生活成本、智力成本、住房成本、社会保障成本和公共发展成本。王敬尧和叶成（2015）从地方财政视角出发，将市民化成本分为用于农民工个人城市生活的私人消费成本和由地方政府、企业、个人共同承担的公共福利成本。

2. 农民工市民化的成本估算

为了更清晰地认识农民工市民化的成本，不少研究机构、学者对农民工市民化的成本进行了货币化测算。从现有文献来看，主要测算方法是模型公式法，但由于测算对象、思路、方法不同，测算结果也不同。例如，陈广桂的测算结果为超大城市、大（中）城市、小城市（镇）的边际成本分别为 2 万元、1 万元、0.5 万元；中国科学院可持续发展战略研究组的研究结果为新增一个城市人口的最低投入是 2.5 万元，按 20 年计算，每年需要支付社会总成本约 2500 亿元；武汉大学战略管理研究院的研究人员认为新增一个城市人口，小城镇需 2 万元，中等城市需 3 万元，大城市需 6 万元，特大城市需 10 万元；中国发展研究基金会的研究结果指出农民工市民化的平均成本约为 10 万元；国务院发展研究中心课题组的测算结果是政府需要承担的公共成本为 8 万元/人；周晓津（2011）列出了农民工市民化最低成本的计算公式，并计算出广州市农民工从 2006 年开始一生的成本为 56 万元；刘洪银（2013）通过对不同省份的计算，得出城市政府承担的市民化成本占本省一般预算支出的 2.7%，城市政府具有市民化的财政能力可行性。大多数文献测算的农民工市民化的边际成本都在 10 万元以内，但农民工群体的市民化则是一个庞大的数字。

农民工群体分布在各个地区的数量是不均的，且不同地区政府的财政能力也存在较大差异，因而农民工市民化进程在不同省市之间是具有差异性的，其成本估算结果也存在较大差异。申兵（2012）测算宁波市市民化成本，得出宁波市政府为农民工提供与当地城市居民同等水平的公共服务和福利，人均需投入 1.35 万元～2.55 万元。保障性住房是农民工市民化的重要条件和主要特征，丁萧（2014）以广东省佛山市为例，测算出佛山市人均保障房屋建设成本为 4.9 万元，并表明佛山市政府的财政能力是难以承担全部保障性住房成本的，需要依靠多主体分担、多形式供给的模式来解决市民化过程中农民工居住的问题。黑龙江省农民工市民化的人均社会成本为 8.57 万元（孙正林、佐赫，2016）。广州市农民工市民化的人均社会成本为 13.3 万元（张华初、罗光荣、刘胜蓝，2015）。

除以政府为主要承担者的社会成本，市民化成本还包含私人发展成本和企业成本。眭海霞和陈俊江（2015）测算出成都市市民化的人均总成本为 28.58 万元，并且在总成本分担过程中，地方政府承担比例远远大于企业和个人承担总和。张欣炜和宁越敏（2018）测算出山东淄博市每年人均公共成本为 4143 元、每年人均个人成本为 2.03 万元和每年人均企业成本为 1.72 万元。

3. 农民工市民化的成本分担机制

大多数学者认为农民工市民化必须依赖其他经济主体，不能完全由农民工自身承担。如杨伟民（2011）认为农民工市民化的成本需要由中央政府、地方政府和市场来共同分担；杨先明（2011）认为必须构建政府、企业、农民工“三位一体”的社会成本分摊机制；中国社会科学院发布的《2011中国城市发展报告》指出，农民工市民化的成本需要由地方政府、省政府和中央政府承担，同时需要企业发挥积极作用；张国胜（2008）等提出由农民工所在地政府、中央政府、农民工所在企业与农民工共同参与的四方分担，城镇居民、社会福利机构少量分担，同时认为可以通过户籍制度、就业制度、社会保障制度和城乡土地制度等改革筹措市民化的所需资金；冯俏彬（2014）认为应该在中央政府、地方政府、农民工流出地、农民工流入地政府间形成具有说服力、各方易于接受的成本分担方案。

依据国内学者不同时期不同地区的市民化成本估算可以看出，虽然政府具有市民化的财政能力可行性，但承担全部成本是具有较大压力的。同时，地方政府为保证自身发展与利益，很难也不愿意承担全部成本。因此，建立以政府为主，农民工、企业和社会三方为辅的多元化成本分担模式是农民工市民化顺利运行的关键路径。高拓和王玲杰（2013）认为在市民化进程中，政府要积极发挥主导作用，建立综合协调机制、动态互补机制和监督考核机制以促进其顺利运行。在还权赋能的基础上，重构财权与事权统一的财政分担体系和不同地区间的差异化公共政策是建设合理的市民化成本分担制度的主要路径（谌新民、周文良，2013)。单菁菁（2015）认为应尽快建立一个政府、企业、个人和市场“四位一体”的更为多元化的成本分担机制，并明确了各方的主要责任。

基于我国实际情况，差异化的成本分担机制是保障各省市农民工顺利市民化的关键。魏澄荣和陈宇海（2013）测算福建省市民化成本时指出，除政府承担主要社会成本外，企业应积极承担农民工的保险支出和职业培训等成本，农民工个人也要积极承担私人成本。基于江、浙、沪省（市）域面板数据的横向比较，许光（2018）认为完善财政转移支付制度、社会保障供给制度、住房保障体系等能进一步优化多元化的公共成本分担机制。伍雪媚（2016）等学者以四川省为案例，认为在多元化成本分担机制下，社会组织应积极发挥自身作用，辅助四川省农民工市民化的顺利运行。

4. 农民工市民化的成本和收益分析

成本是影响我国推动农民工市民化和农民工选择市民化的重要约束条件。胡桂兰（2013）等学者认为“成本”不应是农民工市民化的决定性因素，市民化本身是可给多方带来“效益”的，即花费大量成本的同时必然存在收益，政府和农民工依据各自的成本和收益分析结果做出相应的选择与行为。农民工市民化进程缓慢的主要原因是管理部门对出资主体、价值来源、支付时间等成本方面和受益对象、范围、时间等收益方面存在认知性偏差（孙永正，2016）。同时，在市民化的成本与收益关系中，农民工个人福利最大化与社会福利最大化不一致和市民化成本与收益同期不匹配的两大矛盾也阻碍了市民化的顺利运行（卫龙宝、王文亭，2018）。赵美英认为基于农民工市民化的成本和收益对比，该政策不是当下最优选择。李扬认为农民工市民化不能只算成本，还要看到进城农民工提供的贡献、消费等产出。蔡昉指出有些地方政府虽然知道农民工的贡献大于成本，但是在经济理性支配下基于自身的利益向中央政府讨价还价。黎红和杨黎源（2017）对宁波市市民化成本投入后的经济收益进行了评估分析，表明农民工市民化人均经济收益是大于其人均社会成本投入的。石忆邵和王樱晓（2015）以上海市为例，认为市民化进程若在城市资源利用可承载范围内合理推进，其公共和私人收益是高于相应的成本。周春山和杨高（2015）指出广东省农民工市民化成本与收益达到平衡点所需年限为 5.5 年。

除政府的主观能动性，农民工个人市民化选择也是市民化顺利运行的重要因素。农民工市民化意愿主要取决于农民工市民化的私人成本与收益分析结果，即私人收益减去私人成本的净收益越大则农民工市民化意愿越强，反之越弱（赵勍、张金麟，2012）。杜宝旭（2018）通过实证测算表明，农民工市民化私人成本与收益均衡具有地区差异性，省内市民化均衡系数范围为 0.74～1.0，省外市民化均衡系数范围为 0.88～0.964。

（三）国内外研究趋势

从目前查阅的文献来看，学界的研究指向逐渐从农村转移人口市民化向农民工市民化问题转变，有些研究也能够相应区分二者的异同，同时农民工市民化的成本分担研究成为当前研究的热点，多经济主体共同承担农民工市民化的成本已经达成共识。但是，农民工市民化成本具体由哪些主体来承担以及各自承担的比例还存在一定争议，关于多方经济主体之间的利益博弈以及如何构建承担成本的激励机制尚未有文献涉及。

四、研究思路与方法

（一）研究思路

本课题遵循理论引导—提出问题—问题分析—政策建议的基本思路，在厘清农民工市民化的公共产品属性以及梳理国内外农村剩余劳动力转移、公共产品成本分担等相关理论的基础上，说明了农民工市民化成本分担的合理性；结合当前中国农民工市民化进展迟缓的现实状况以及成本分担的困境，揭示我国农民工市民化成本投入不足的根源为缺乏相应的激励机制。本课题探讨了农民工市民化成本分担激励机制的对策和建议，以探寻农民工市民化的路径。

本课题的技术路线如图 1−1 所示。

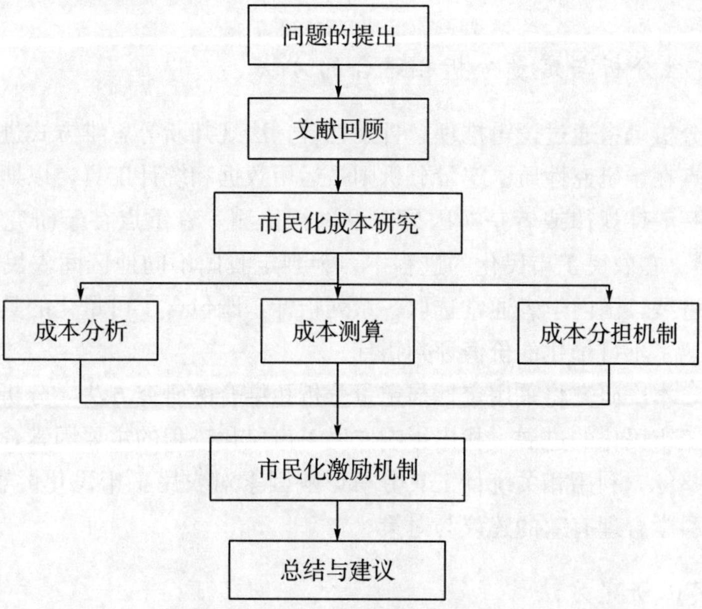

图 1−1　农民工市民化成本分担激励机制研究技术路线图

（二）研究方法

1. 文献研究法

文献研究法是指对文献资料进行检索、搜集、鉴别、整理、分析，形成对事实的科学认识的方法（杜晓利，2013）。我们通过搜集、归纳、整理本次研究领域已有的国内外相关专著、期刊、图书等文献，清晰界定农民工市民化的概念，了解成本分担模式、激励机制等基本问题的前沿研究，发现现阶段农民工市民化进程的困境，找出影响多元化成本分担机制效用的因素。同时，梳理具有代表性的政府文件，在了解国家和地方政府支持农民工市民化的政策下，发现进一步优化农民工市民化成本分担机制的可能性与实践方法。本课题主要用于农民工市民化成本分担激励机制的理论支撑，保证本次研究的科学性和客观性。

2. 定性分析与定量分析相结合的方法

定性分析是指通过逻辑推理、哲学思辨、法规判断等思维方式进行分析研究，着重点在于研究性质；定量分析则是运用数据和统计工具，以期从个别现象推导出一般性规律或者是对因果假设进行检测，着重点在于研究数量（谢韬，2008）。在农民工市民化的进程中，为判定我国不同地区间农民工市民化的程度与进展，国内学者通常选取一系列指标，既包含了可量化的具体数据指标，也包括了不可量化的价值评判指标。

因此，本次研究将采用定性与定量分析相结合的研究方法，分析现阶段新生代农民工市民化的进展，找出影响农民工市民化进程的主要因素，并结合具体的数据指标，利用相关统计工具分析影响因素对农民工市民化的影响程度，从而提出科学合理有效的建议与对策。

3. 实证研究方法

实证研究方法是在价值中立的条件下，以对经验事实的观察为基础来建立和检验知识性命题的各种方法的总称，主要包括观察法、实验法、个案法和测验法等。为了解当前中国农民工市民化成本分担的现状及问题，对市民化成本进行有效测算以及相应的成本—效益分析，本课题通过政府历年文件、统计年鉴、相关实地调研等多种渠道，收集整理出农民工市民化成本分担研究中所需的各类成本数据和收益数据，构建市民化成本分担机制模型，进行实证分析，提出相关建议与对策。

4. 交叉、综合运用多学科渗透的研究方法

农民工市民化是缩短我国城乡差距、提高社会资源利用率、促进城市社会经济发展的重要途径，其涉及的利益主体包括政府、企业、农民工等。相应的，农民工市民化问题涉及公共产品理论、制度变迁、成本分担、激励机制等复杂性问题，仅从单一学科领域出发是难以合理有效解决问题的。因此，本课题从制度经济学、公共管理学、政治学、社会学等多学科角度出发，分析当前农民工市民化的现实困境，基于合理的农民工市民化成本分担模型，利用博弈理论分析市民化成本分担主体的行为，从而找出破解农民工市民化困境的有效途径和构建新时期农民工市民化成本分担激励机制。

五、研究的目标和主要内容

（一）研究目标

一是要从理论上说明农民工市民化的公共产品属性以及多经济主体承担跨区域公共产品成本的合理性，并以“经济人”假设为前提，利用制度分析方法来分析各经济主体面临的激励机制及对其行为选择的影响；二是构建一个合理的农民工市民化成本分担机制，并确定合适的成本分担比例，使各经济主体的成本和收益不一致的状况得到矫正，从而形成一致性集体行动；三是通过深层分析各经济主体面临的激励机制，全面考察这些制度中存在的对促进农民工市民化履职的不利因素，从中找出政策实施过程中各经济主体执行不到位的真正原因，由此提出解决方案和对策、建议。

（二）主要研究内容

1. 农民工市民化的成本及公共产品属性分析

本课题重点通过阐述农民工市民化导致国家层面生产关系和社会关系结构的变化和重塑来体现其公共属性；对农民工市民化的成本进行分类分析，认为

因二元经济的“福利屏障”所带来的制度成本是目前农民工市民化最主要成本，这部分成本的主要承担者应该是政府。同时对未来农民工市民化成本的发展趋势进行了分析，认为随着国家对教育、社保等领域的投入加大，农民工市民化的成本呈下降趋势。

2. 公共产品成本分担理论依据及动力机制分析

本课题以现有的公共产品成本分担理论为指导，从理论上明确各经济主体的分担责任，明确成本分担原则、分担主体、分担范围，构建成本分担模式。成本分担模式构建的基本思路是矫正公共产品的外部性影响，并结合成本—效益分析，从理论和现实层面探讨农民工市民化成本分担的主体责任。

3. 农民工市民化的成本测算及分担困境

本课题结合文献研究的方法构建农民工市民化成本测算指标体系和计算模型，通过收集典型地区的数据对模型进行应用，具体测算农民工市民化的成本，进而在经验层面分析农民工市民化成本的形成逻辑、农民工市民化成本分担的发生机制、农民工市民化成本分担的误区，以及农民工市民化成本分担的现实困境，并从“经济人”假设的角度深层次分析激励机制不完善这一农民工市民化成本分担困境的根源。

4. 构建农民工市民化的成本分担激励机制

制度提供给人们关于行动的信息并为其决策提供激励。要解决当前农民工市民化成本分担中出现的问题，就需要通过完善制度，从正、负方面激励各主体承担自身的责任。激励机制主要由财政分权激励机制、晋升考核机制、监督问责机制组成。财政分权激励机制要合理区分各级政府在农民工市民化过程中的财权和事权，完善政府间转移支付制度，提出具体的转移支付方案，完善中央、地方税收分成比例等以协调中央政府、农民工流出地政府、农民工流入地政府的利益；晋升考核机制要建立以农民工市民化程度为标准的政绩考核机制；监督问责机制是从反面来推动政府履职，需要完善政府在农民工市民化履职方面的监督机制，通过立法建立监督问责制度。

第二章　农民工市民化成本分担的基础理论

目前国内外尚缺乏针对农民工市民化成本分担的成熟理论体系，但通过理论溯源可以发现，涉及政治经济学、福利经济学和公共经济学等相关理论著述可以为本课题研究提供必要的理论支撑。本章综合公共产品供给理论、成本—效益分析理论和公共选择理论的相关理论观点，构建了农民工市民化成本分担的理论分析体系。

一、公共产品供给理论

从研究脉络分析，公共产品供给研究是以公共产品的内在属性和特征为逻辑起点的。西方对公共产品的研究最早可以追溯到托马斯·霍布斯（Thomas Hobbes，1651）在《利维坦》中对国家的相关论述。其认为当个人无力保障个体自由和利益时，可以通过契约的形式创造出国家和政府来保障个人利益。这一观点在一定意义上为公共产品的理论研究奠定了最初的思想基础。大卫·休谟（David Hume）在《人性论》一书中探讨了“搭便车”问题，进一步触及公共产品的核心问题，即个人都存在共同的需求，而满足这类需求的产品供给不能由个人完成，只能够由政府承担。其后，随着埃里克·林达尔（Eric Lindahl，1919）、保罗·萨缪尔森（Paul Samuelson，1954 & 1955）和詹姆斯·布坎南（James M. Buchanan，1965）等人的深入研究，公共产品的相关理论研究不断深化，并逐渐形成了一个完善的理论体系。

（一）公共产品的定义与特征

公共产品（public goods）的定义最早由萨缪尔森提出。他认为，与私人产品相对，公共产品具备非竞争性和非排他性，即一个人对该产品的消费，并不影响其他人对该产品的消费。在此基础上，有学者通过研究公共产品内涵和外延，逐渐形成了较为统一的公共产品特征的认识，即“公共产品具备效用的非分割性、消费的非竞争性和受益的非排他性三个基本特征”（高培勇，2004）。

1. 效用的非分割性

公共产品的第一个特征是效用的非分割性。公共产品首先表现为“公共”，即这些产品是向整个社会提供的且被全体社会成员共同消费，因此其实际产生的效用也被所有社会成员共同享有，而不是像商业产品一样，可以分割为若干部分，分别归属于某些社会成员并且为商品购买者独享其效用。例如，国防保障针对一国所有的社会成员，而不是提供给个体的产品，而商用住房、家具等各类私人产品，则可以被分割为若干个可供出售的单位商品，被购买者单独享有其效用。

2. 消费的非竞争性

公共产品的第二个特征是消费的非竞争性，这是指一个公共产品即使被某个或某些社会成员享用，也不影响其他社会成员同时享用该产品；同时也不会因这一公共产品被某个或某些社会成员享用，就会减少其他社会成员享用该产品的数量和质量。换句话说，增加或减少一个消费者并不会影响其他社会成员对公共产品的消费。例如，社会成员享有公共安全保障不会因为一定时期内人口的增加或减少而发生变动。但是，任何一种私人产品被私人占有和享用后，其他的消费者就不能同时享有这些产品了。

3. 受益的非排他性

公共产品的第三个特征是受益的非排他性，说明公共产品在技术上无法被任何社会成员独占享有，无法拒绝任何社会成员从对该产品的消费中受益。例如，环境保护使社会成员享受到新鲜的空气，但要拒绝或排斥这一区域的某些社会成员享受新鲜空气则不可能达成，即使想要达成，也要付出无法预期的高昂代价，因此在技术手段上无法拒绝或排斥。

值得注意的是，只有同时满足上述三个特征的公共产品，才能称为纯公共产品（pure public goods）。而现实生活中更为常见的公共产品是准公共产品或混合产品（quasi-public goods），这类产品既非纯粹的公共产品，也非纯粹的私人产品。它们兼具了公共产品和私人产品的特性，具备有限的竞争性和排他性。例如，在技术上可以实现排他的公共物品，其名义上虽然是向全社会成员提供，谁都可以享有，但可以通过定价这一技术手段明确谁花了钱谁才能享受；又如，拥挤性的公共产品，其在消费上具有一定的竞争性，即这种产品虽然可以被全体社会成员共同享有，但当消费人数达到临界点（拥挤点）时，如果人数再增加，则边际成本不为零。

（二）公共产品的供给

在充分认识公共产品的属性特征后，研究的触角也必然延伸到公共产品的供给层面。西方学者对公共产品供给的理论研究始于对公共产品与私人产品的异同探讨（刘鸿渊，2016），旨在探寻公共产品的最优供给模式。早期的研究采用经济学的经典分析方法，从社会资源配置最大化的条件即社会边际效益等于社会边际成本（MSB=MSC）出发，认为基于公共产品的外部性特征和市场的逐利本质，市场对公共产品的供给是失灵的，只有政府提供才能达成最优，加之实验经济学的诸多实证研究无法彻底解决公共产品的私人供给难题，因此形成了私人产品由市场提供、公共产品由政府供给是最优的资源配置机制的普遍共识。但随着现代社会公共产品的多样化和复杂化以及福利多元主义的兴起，越来越多的实践和理论探讨都表明了诸如社会福利这类公共产品的供给应该由多部门合作而并非局限于政府单一提供。公共产品的供给主体多元化也逐渐成为一种趋势，各类介于纯公共产品和私人产品之间的混合产品，既可以由政府提供，也可以由市场或个人提供，或者可以通过政府购买委托的形式由私人或市场提供。

1. 威克塞尔—林达尔模型和萨缪尔森均衡

较早对公共产品最优供给进行深入探讨的是瑞典学派的代表人物林达尔，他发展了纳特·威克塞尔（Knut Wicksell）的研究，提出了关于公共产品供给的最佳模型即威克塞尔—林达尔模型（张宏军，2010），尝试探寻了公共产品产出的合理水平及其成本分摊的问题。其最终得出一个结论：如果每个社会成员都按照其获得的公共产品的边际效益大小捐献自己应当分担的资金费用，则公共产品的供给量可以达到最优，而这一最优的达成是通过个人对公共产品的供给水平及其成本分配进行讨价还价后得到的均衡，称为林达尔均衡。威克塞尔—林达尔模型说明了在成员较少的社会中，通过如民主投票的公平程序实现自愿贡献和成本分担的合作方式，能够使公共产品供给量达到最佳水平，同时也揭示了“免费搭车”现象的必然性。

在对威克塞尔—林达尔模型批判发展的基础上，萨缪尔森进一步构建出一个关于资源在公共产品与私人产品之间最佳配置的一般均衡模型。其首先假定：产品只有纯私人产品和纯公共产品；只有 A 和 B 两个消费者，且 A 和 B 的收入水平既定。那么，在存在公共产品的情况下，个人的边际替代率 MRS_i 可以理解为公共产品的私人价格，即一个人为多消费 1 单位的公共产品所愿意付出的最高代价（陈宪、韩太祥，2006），而公共产品应由 A 和 B 两人共同支付价格。因此，公共产品和私人产品的生产转换率等于 A 对于这两种商品的边际替代率与 B 对于这两种商品的边际替代率之和时，即 $MRT = MRS_A + MRS_B$，配置达到最优（Paul Samuelson，1955）。进一步推广，当社会中所有人的边际替代率总和等于产品的边际转换率时，达到公共产品供给的资源最优配置条件。萨缪尔森均衡给出了具体的公共产品供给最优条件证明，进一步完善了公共产品供求均衡的理论解释，对公共产品理论的形成和公共产品供给的理论研究，具有划时代的意义。

2. 混合产品的供给

在现实生活中，纯公共产品和纯私人产品并非普遍现象，大部分的公共产品都带有有限的竞争性和排他性。随着研究的深入，学者们也逐渐意识到这一点。其中，布坎南（James M. Buchanan，1965）明确提出了“俱乐部产品”这一在现实中普遍存在于纯公共产品和纯私人产品两级之间的“混合产品”，从而打破了学界历来认可的公共产品由政府提供、私人产品由市场提供的理想图式，也进一步解答了为什么在实践中涉及公共产品的供给时，很难将政府的供给与市场的供给截然区分的困惑，为公共产品的多元供给主体研究做了必要的理论铺垫。

例如，教育、卫生等具有价格排他的公共产品，可以在技术上实现排他，但其生产和消费往往会产生正的外部效应。因此这类公共产品可以由市场提供，但由此产生的正外部效应必须由政府予以补贴，由政府直接供给的，也应该利用市场价格机制实现排他，以保障供给的最优。对于拥挤性的公共产品如路桥设施，在消费者达到拥挤点时就会具备竞争性，此情况可以通过向使用者收取一定的费用，在技术上实现排他，而此类公共产品的供给，既可以由政府也可以由市场，或者政府和市场合作。

3. 福利多元主义

社会福利作为一类最普遍的公共产品和公共服务，是一种“制度化的集体责任”（林闽钢，2012），长期以来其供给始终以政府为单一主体。随着社会发展的递进，社会福利观也在不断演化。20 世纪 80 年代，在福利国家危机的现实背景下，西方学界开始积极探求一种能够解决福利国家危机的替代方案，构建一套超越传统的政府和市场二分法，“强调其他社会部门在社会福利提供方面的作用”（王佳峰，2009）的多元社会福利框架。世界各国普遍意识到，政府和市场也是社会问题产生的根源。为了解决政府失灵和市场失灵，“一个强大的市民社会对于有效的民主政府和良性运转的市场体系都是必要的”（安东尼·吉登斯，2002）。除政府、市场之外，其他社会组织以及公民个体都应该承担相应的社会福利责任。因此，社会福利的提供由政府主导向多方社会主体共同参与过渡，福利多元主义也应运而生。

福利多元主义主张由不同的部门共同对福利的规则、筹资和提供负责，而不再局限于单一的政府部门，其理论核心就是社会福利来源的多元化和分散化。福利多元主义认为，家庭、社区、社会组织、市场等都可以作为社会福利的重要来源，应该重视除政府以外，其他社会部门在福利提供中的作用；在社会福利的供给层面，政府不再是单一主体，而是过渡到其他社会主体多元合作；不同部门多元合作过程中，政府主要是对社会福利制度进行规划、决策和引导，根据国情制定与福利相关的政策、法律法规等，并且鼓励市场和社会组织等第三部门加入，引导其良性发展，向社会提供福利；社会组织是服务的直接传递者，应该在配合政府的同时，独立于政府行政职能之外，直接面向服务对象，整合链接社会福利资源，反馈社会的需求，从而提高服务效率。

（三）公共产品供给理论对农民工市民化成本分担激励机制研究的价值

综上分析，公共产品及其供给的相关理论研究，可以在很大程度上启示本课题对农民工市民化成本及其分担的相关探讨。

首先，在农民工市民化成本来源和构成层面，公共产品的相关理论分析有助于本课题准确区分农民工市民化过程中由私人产品和公共产品产生的成本，有利于对各类成本进行合理分类。

例如，在农民工市民化成本构成中，可以按照公共产品理论中的产品属性将农民工市民化成本按来源进行明确分类，并对农民工市民化过程中产生的公共成本进行详细的梳理与区分。同时，根据公共产品供给的相关理论观点，可以对农民工市民化成本分担主体进行明确界定，也有助于本课题在探讨构建农民工市民化成本分担激励机制的过程中依据各主体的权利与义务要求详尽进行分析操作。

其次，在农民工市民化的公共成本细分层面，可以按照公共产品的属性和分类，进一步对农民工市民化过程中所需投入的公共产品和公共服务成本进行仔细梳理和再划分，也能够借此辨别并避免混淆农民工市民化成本与城镇化成本。

再次，在农民工市民化成本的分担主体界定上，可以在明确私人成本、公共成本以及对公共成本进行细分后，结合成本—收益分析，对各类成本的相应责任主体进行合理区分和定位。

最后，在探讨农民工市民化成本分担激励机制的操作过程中，可以借助相关的理论观点和分析视角，合理利用激励手段刺激各分担主体自愿高效地分担农民工市民化相应产生的成本。如采用政府补贴、财政转移支付等手段处理私人部门提供公共产品所带来的外部性问题，从而激励个人和企业等主体积极分担农民工市民化成本。

二、成本—效益分析理论

成本—效益分析是经济学最基本和普遍的分析手段，广泛应用于行动主体的经济行为研究中。由于成本因素能够影响所有经济行为主体的选择（布坎南，2009），从这个意义上看，成本—效益分析契合了“经济人”追求经济利益最大化的自利特征，是分析人类行为动机的重要工具。20 世纪 40 年代以来，随着“卡尔多—希克斯改进”的提出以及世界各国政府项目投资的日益普遍，成本—效益分析逐渐开始从私人领域渗透到政府活动中，成为公共产品供给和政府公共决策等领域的重要实践方法，并逐渐被世界各国广泛采用。

福利经济学中，成本和效益概念是为了达成社会资源合理配置和实现帕累托最优而引入的必要工具。经济学意义上，成本是指生产费用；效益是指以最少的资源消耗取得同样多的效果，或用同样的资源消耗取得较大的效果（郭羽诞，2005）。如果用 C 来表示成本，U 表示效益，U/C 就是效益与成本的比率，当这个比率大于 1 时，则说明资源配置处于合理状态；当这个比率小于等于 1 时，则说明资源配置未产生预期效益。简单来说，成本—效益分析的目标就是追求效益和成本的比率的最大化。

（一）“帕累托改进”和“卡尔多—希克斯改进”

“福利”这一概念涉及价值判断，很多福利问题在经济学上无法给出详尽的解释，但对于福利的增进或下降，却可以通过“帕累托改进”（Pareto Improvement）给出明确的界定。“帕累托改进”是与“帕累托最优”（Pareto Optimality）相联系并以“帕累托最优”为基础提出的一个准则。所谓“帕累托最优”是指“一个经济不可能通过改变产品或要素配置，在其他人（至少一个人）的效用水平至少不下降的情况下，使某些人（至少一个人）的效用水平有所提高”（陈宪、韩太祥，2006）。“帕累托改进”常用于资源闲置或市场失灵时，在不减少其他人福利的情况下，通过调整资源配置，提高一些人的福利水平，而此时可以判断社会福利是增进的。

当然，“帕累托改进”经常出现在福利经济学中并作为社会政策评价的标准，但这一标准达成的条件十分苛刻，使其很难有效解释具体实践中的各类公共决策项目。于是，希克斯在1939年补充了卡尔多的“补偿原则”，并在此基础上提出了一个新的评价标准即“卡尔多—希克斯改进”。当一种资源配置方式（如社会政策）能够使受益者所得收益足以补偿受损者的损失且还有剩余，那么这种资源配置方式就满足“卡尔多—希克斯改进”。从前述分析就可以发现，“卡尔多—希克斯改进”比“帕累托改进”更为宽松，因为在做具体分析时，一旦预计到任何一个人将受到损失，“帕累托改进”就无法满足，社会政策就无法实施，而按照“卡尔多—希克斯改进”的标准，即使有人受到损失，受益者的收益也能够弥补这些损失而且还有剩余，既定标准就可以达成，那么就可以实施一项社会政策，剩下的只是如何确定补偿方案的问题。

（二）公共产品的成本—效益分析

在福利经济学领域，由于应用“卡尔多—希克斯改进”评估政府公共决策项目在理论和实践层面具备可行性，成本—效益分析方法也被逐渐应用于公共产品供给和公共服务项目决策评估过程中。公共产品在供给或公共服务项目输送之前，应先对它的效益进行评估。

第一步，计算各个项目或方案的成本和效益。这个成本和效益一方面包括可以用市场价格明确计算出来的货币成本和效益，另一方面包括难以用货币来衡量的成本和效益。或者可以将项目的成本和效益划分为有形的和无形的。有形的成本和效益，指的就是可以明确用市场价格计算出来的一切成本和效益，例如提供公共产品或公共服务的原材料和劳务费用等以及出售产品或服务的资金收益等；无形的成本和效益则指不能明确测算出来的量化的成本和收益，如提供公共服务所耗费的时间以及公共产品和公共服务的社会影响。总的来说，如果效益大于成本，这个公共产品或公共服务项目就是值得提供的。

第二步，逐一计算各个项目或方案的效益和成本的比率，并以此为标准确定不同项目或方案的优劣次序，然后根据实际情况进行决策。在此过程中，首先应该合理核算出各个项目或方案的成本 C 和效益 U，然后计算效益成本比率 U/C 和（$U-C$）/C，其中前者比率下限值设定为 1，小于 1 的项目或方案在经济上是不可行的；后者的下限值设定为 0，小于 0 的项目或方案在经济上也是不可行的。最终，将可行项目或方案按比值大小排出优劣次序并进行决策。需要注意的是，政府提供公共产品或公共服务的目的与私人部门提供产品和服务的目的不同，其首要目标是追求社会效益的最大化而非经济利益的最大化，因此政府在对某个项目或方案进行决策时考虑的是资金的使用是否能够获得最大的社会效益，并据此来选择最终的项目或方案。

总的来说，成本—效益分析可以作为公共产品或公共服务供给决策的一个重要经济分析手段，但受制于公共产品和公共服务的成本—效益特征。这一方法的适用范围存在一定的局限性，同时，这一方法具有典型的市场效率理念，改变了传统公共项目和社会服务的价值评判标准，因此受到一些学者的质疑和批评。

（三）成本—效益分析理论对农民工市民化成本分担激励机制研究的借鉴

行动主体的经济行为无不受到经济因素的制约，无论是针对私人产品还是公共产品的成本—效益分析，即使二者在分析视角、准则和侧重点等层面有所差异，也始终无法回避一个基本的问题即成本约束。相应的，在农民工市民化过程中，无论向农民工个体供给其市民化所需的私人产品还是公共产品，都是带有明显经济属性的主体间行为，也必然涉及成本问题。因此在经济理性抑或是资金约束的背景下，产品供给主体肯定要从成本—效益分析角度去衡量自己的产品供给和由此产生的成本分担行为。鉴于此，成本—效益分析的相关理论观点可以为本课题深入分析农民工市民化成本分担主体的分担行为动机提供一个直接的视角选择。同时，也有助于本课题考虑相应的有效激励措施，在相关的探讨中力求客观，有效摆脱两个误区，即努力避免只重“实质理性”（顾忠华，2004）而忽略“形式理性”（何微微、胡小平，2017），或只重“形式理性”而忽略“实质理性”。换句话说，就是要努力避免只侧重需要而不考虑成本，或只侧重成本而不考虑需要的两种不良倾向，从而最终使得对策和建议更为合理可行。

三、公共选择理论

（一）公共选择理论概述

公共选择理论的政治学渊源最早可以追溯到霍布斯等政治理论家的思想，在经济学上则源于18世纪孔多塞等人的投票数学研究（董春宇，2007）。公共选择理论在20世纪40年代末诞生，60年代末开始日趋成熟并成为当今经济学的重要流派，其方法论主要包括三个要素（布坎南，1988）：经济人假设、政治市场论和方法论的个人主义。在公共选择理论者看来，“经济学家们可以根据交易范例来观察政治和政治过程”（布坎南，1988），可以利用经济学的交换范式分析政治过程，将政治制度类比为政治市场，并将政治过程视为经济交换的过程。在此设定前提下，政府和市场就具备同一分析基础，而不应该对市场和政府采取两套不同的分析方法。从本质上看，政府也如同市场中的个人交易者一样，是一个理性的、自利的和追求自身效用最大化的“经济人”；同时，个体作为私人行为和公共行为的唯一最终决策者，其作用十分重要，因此在分析诸如公共决策等集体行为时也必须从个人行为入手。

（二）公共选择理论视角下的农民工市民化成本分担

公共选择的本质就是对公共物品的供给做出决策（陈宪、韩太祥，2006）。推进农民工市民化是涉及经济社会发展和很多人利益关系的一项典型公共政策，是一个需要政府干预和管控加以保障，以政府决策并主导参与的一项系统工程。从公共产品供给理论的视角出发，公共产品的外部性特征使得私人供给并不现实，供给主体也就落到了政府头上。按照公共选择理论的解释，政府虽然作为公共利益的代表者，但其首先也是一个经济人，因此政府提供公共产品也并不一定就能够满足农民工市民化的实际需求。从这个视角出发，或许也可以解释政府在分担农民工市民化成本中种种不足的原因。

从公共选择理论的视角出发，政府对农民工市民化成本分担的行为也是旨在付出成本而获取收益的交换行为，在政府进行农民工市民化成本分担的公共决策时会有经济人所具有的典型自利和效用最大化特征，且能够精密地计算出风险和收益。因此当计算出风险大而收益小的情况时，政府就会倾向于不做出支付必要成本的决策。实际上，同样的事情也会发生在企业，例如各地政府和企业如果提供职业教育和培训，最终却使获得职业能力的农民工自由流动，流动到其他地域的其他企业，那么实际投入成本的地方政府和企业就不能从中获益或获益很少。因此，作为趋利的企业和带有自利性的地方政府就不会愿意投入成本，以免出现其他地方政府和企业的“搭便车”行为，这样，农民工市民化所需的相应成本投入会严重缺乏，从而阻碍农民工市民化的有序进行。

四、本章小结

本章主要在经济学、政治学和公共管理的学科视角下，具体分析并尝试构建了农民工市民化成本分担激励机制研究的理论体系。

首先，公共产品及其供给的相关理论研究，可以在很大程度上启示本课题对农民工市民化成本及其分担的相关探讨，主要呈现在农民工市民化成本来源和构成、农民工市民化的公共成本细分、农民工市民化成本的分担主体界定，以及探讨农民工市民化成本分担激励机制的操作过程这四个层面。

其次，成本—效益分析的相关理论观点可以有效应用到农民工市民化成本分担主体的分担行为研究中，同时启示本课题在分析相关内容的过程中必须有效克服只侧重成本而忽视需要，或只侧重需要而忽视成本的两种不良倾向。

再次，从公共选择理论的视角去分析农民工市民化成本分担的政府等相关分担主体的分担行为，可以客观地分析其背后深层次的动因，有助于本课题进一步对农民工市民化成本分担困境及其原因的正确把握，从而合理提出相应的激励对策。

最后，综上所述，我们认为，公共产品供给理论、成本—收益分析理论和公共选择理论在理论实质和研究脉络上具有天然的内在联系，在理论应用于实践研究的过程中，也必须侧重这三种理论的融合运用，将这三种理论整合为一个有机统一的理论分析体系。这为分析农民工市民化成本的属性、构成、分担主体、分担困境及其成因，以及最终的激励机制提供了一个全新且可行的理论视角，从而为本课题研究提供必要的理论基础支撑。

第三章　农民工市民化的制度变迁与市民化属性认识研究

基于公共产品供给理论、成本—收益分析理论、公共选择理论等多学科相融合的理论分析体系，对农民工市民化的制度变迁和属性的准确认识，有利于了解我国农民工市民化的现状与困境，从而深入地探讨农民工难以市民化的原因及解决途径。本章着重回顾我国农民工市民化制度变迁过程，并在此基础上界定了农民工市民化的概念与内涵，深入探讨了其本质属性、现状、制约因素和发展路径等。

一、农民工市民化的制度变迁

由于城市化和产业发展的制约、制度供给的障碍，以及农民工人力资本和社会资本等多重因素的约束，我国农民工市民化困难重重，形成了一个从不断涌入城市到农村回流的往复过程。

（一）改革开放前的市民化开启阶段

新中国成立之初，我国的社会经济结构发生了重大改变，政府开始尝试进行社会主义改造。在此阶段中，我国的农民工市民化呈现出两个阶段的变化。

1. 农民工市民化的初启（1949—1957 年）

新中国成立初期，政府开始确立以工业建设为中心的发展战略。1953—1957 年，我国实行第一个五年计划，交通运输和能源原材料工业都被作为重点建设项目，为此国家实行农村居民可以自由地迁移到城市的政策。由此，众多农村剩余劳动力涌入城市，其身份由农村居民转变为城市居民，其职业由农民转变为工人。这一时期，由于国家经济建设的需要和相关政策的扶植，大量农民工涌入城市。据统计，1949 年我国城镇非农业人口为 5700 多万人，而到了 1957 年该数字就有了 4200 多万的增量，达到了 9900 多万人。我国城镇人口所占比率由 10.6%上升至 15.4%，以平均每年 0.6%的比率高速增长。

2. 农民工市民化的限制（1958—1978 年）

这一时期我国的农业生产力仍然处于落后阶段，工业发展速度也较为缓慢，提供的就业机会相对较少，加之前一时期政策因素，又使得城镇人口增长过快。因此，为缓解过量人口给城市带来的压力，政府制定并出台了一系列户籍管理政策，以限制农村人口转移到城市。

我国出台的第一个限制城乡人口自由流动的政策——《中华人民共和国户口登记条例》在 1958 年 4 月正式颁布。此条例的颁布标志着我国的二元户籍制度正式确立。但是，此条例的执行力度不强，致使城市人口依然增加。1959 年，党中央下发了《关于制止农村劳动力流动的指示》，强调一律不得再招用流入城市的农民。与此同时下发的《关于制止农村劳动力盲目外流的紧急通知》，再次强调未经允许农民不得离土离乡。1962 年，公安部下发了《关于加强户口管理的工作意见》，指出我国人口可以采取单方向流动，即允许城市居民落户农村，但禁止农村人口移居城市落户。

1961 年，我国遭受了严重的自然灾害，政府采取了“大幅度压缩城市居民”的政策。仅至 1963 年 6 月，全国被下放的城镇人口约 1887 万人，城镇居民减少了约 3000 万人。随后在“文化大革命”期间，大批知识分子和干部下放劳动以及知识青年上山下乡，我国拥有城镇户口的人口比例，从 1960 年的 19.7%减少到 1975 年的 17.3%，城镇居民不但没有增长反而减少 2.4 个百分点（根据《中国人口统计年鉴》计算得出）。

在此阶段，一方面除了国家政策的限制，农村劳动力无法流入城市，致使农民工市民化出现停滞；另一方面由于我国的自然环境和政治环境的影响，反而出现了城镇人口急剧减少、农村人口大幅增加的局面。

（二）改革开放后的市民化的回升阶段

1. 农民工市民化的复苏（1979—1983 年）

改革开放以来，我国进入社会主义事业发展新时期。安徽凤阳县小岗村实行家庭联产承包责任制成为农村经济体制改革的示范区。国家在农产品价格体制方面也进行了重要改革。改革的举措使得农民的劳动热情大增，农村劳动者生产效率大幅提高。但是，农业生产对于劳动力的需求却在逐步下降，农村剩余劳动力由此产生。与此同时，乡镇企业在改革春风的吹拂下应运而生，众多农民为了改善生活水平，纷纷离开土地进入乡镇企业务工，由此发展成为农村剩余劳动力的“离土不离乡”的转移模式。这些举措使得农村非产业劳动力占农村劳动力的比例增长，农业劳动力占整个社会劳动力的比例下降，城镇化进程明显加快。

在这一阶段中，国家依然采取较为严格的政策限制农民向城市转移。1981 年中共中央下发《国务院关于严格控制农村劳动力进城做工和农业人口转为非农业人口的通知》，明确提出，要对城市的户籍和粮食管理进行严控，检查并清理在城市企事业单位务工的农民工。但随着农村劳动力的增多，党和政府提出“要严格限制农村人口盲目流入城市，企事业单位确实需要招工的，必须经过严格的程序。对于农村人口要迁入城市的，公安、劳动部门要严格把关，要严格控制使用农村剩余劳动力”。在这一阶段中，城市居民人口比重由 1978 年的 17.92％增加到 1983 年的 21.06％。

2. 农民工市民化的再启（1984—1991 年）

1984 年和 1985 年，中共中央先后颁布《关于 1984 年农村工作的通知》和《关于进一步活跃农村经济的十项政策》，指出农村剩余劳动力在城市的建设和发展中发挥着重要的作用，允许其在城市务工或从事个体经营活动，并且规定在城镇工作的农民工及家属，凡有规定住所或在企事业单位长期工作者，均予以办理落户。这成为间断了多年的农民工市民化重新开启的一个重要标志。1985 年，公安部出台了《关于城镇暂住人口管理的暂行规定》，要求对迁移到城市的流动人口办理“暂住证”和“寄住证”。这些政策的出台，鼓励农村劳动力走出农村，步入城镇，为农民工市民化进程的推进增添了动力。

截至 1989 年，我国的流动人口数量在 3000 万人口左右。由于受到经济周期的波动，我国经济体系的运行进入整顿阶段，第一次“民工潮”由此产生。为了调整经济发展的紧缩不利局面，并且预防因“民工潮”和“农转非”增长过快所带来的城市交通不便、社会治安、就业压力等方面的诸多问题，我国政府先后出台了一系列政策。1989 年，国务院下发了《关于严格控制“农转非”过快增长的通知》，要求严格控制“农转非”的速度，从宏观层面上进行调控，要与我国的经济发展速度相匹配。随后的《关于严格控制民工盲目外出的紧急通知》，以及民政部、公安部联合下发的《关于进一步做好控制民工盲目外流的通知》，要求各地政府对所在地农民工的转移采取严格监控的措施。1990 年，民政部《关于进一步做好劝阻劝返外流民工的通知》，要求“对长期盲流，要坚决收容遣送”，明确要求农民工所在地的政府部门要严格审查农民工务工手续，甚至停止相关工作的办理。另外，对于在外盲目流动的农民工要进行劝阻。1991 年民政部出台了《关于收容遣送工作改革问题的意见》，界定了“三无”人员，并要求各级政府相关部门做好“三无”人员的收容和遣送工作。由于各项政策的颁布执行，原本已经转移到城镇的农民工又返回农村，从事农业生产，致使 1989—1991 年农业劳动力占全社会劳动力的比例出现了回升，出现了我国第一个农民工回流高峰期。

1990 年，国务院发布了《关于做好劳动就业工作的通知》，号召各地政府尽量就地转移和消化农村剩余劳动力，引导农村剩余劳动力发展林牧业、渔业等，并大力发展乡镇企业，做到“离土不离乡”，并且要有效监管其盲目进城。而对已经转移到城市的农民工，采取就业登记制度，加强用工管理，并对农民工进行宣传教育。政府出台的文件限制了农民工盲目进城，减轻了城市的压力。

在农民工市民化的复苏阶段，政府出台的文件对农民流入城市，带有很多的限定条件。“离土不离乡”、暂住不常住、亦工亦农，是该时期农民工的主要特征。

（三）改革开放后的市民化的规范发展阶段（1992—2003 年）

1992 年，邓小平发表“南方谈话”，掀起了我国经济发展的新浪潮。在城市就业机会增加的同时，国家放宽了农民进城务工的条件，极大地推动了农村剩余劳动力向城市转移。为此，政府颁布了多项政策扶植农村剩余劳动力的转移，以推动经济发展。

1994 年，劳动部下发的《农村劳动力跨省流动就业管理暂行规定》指出，需要跨省招用农民工的用工单位，必须为农民工办理“外出人员就业登记卡”。当外地农民工工作就位后，需凭借此卡申请就业证。1995年，中央出台了《关于加强流动人口管理的意见》，要求各级政府和相关部门对当地流动人口实行统一的“暂住证”和“就业证”管理办法。而后，《暂住证申领办法》《关于抓紧落实流动就业证管理制度的通知》《关于“外出人员就业登记卡”发放和管理有关问题的通知》等政策相继颁布，表明了以就业证（卡）管理为中心的农村劳动力跨地区流动就业制度在我国正式确立。1996年7月1日，我国户籍制度改革，取消了“农业”和“非农业”的户口类别，推动了农民工市民化进程的发展速度。

1992年之后，我国由限制农民工盲目外流发展到引导农民工合理、有序、就近流动，鼓励农村剩余劳动力向小城镇转移，加快小城镇发展；并给予在小城镇落户的农民与当地居民同等的待遇，在子女入学、社会保障等方面，均不得采取歧视性政策。1993年劳动部出台《关于建立社会主义市场经济体制时期劳动体制改革总体设想》文件，指出要建立竞争公平、运行有序、调控有力、服务完整的现代劳动力市场，逐步打破城乡之间、地区之间劳动力流动的界限，以保证农民工有序、合理的流动。

20世纪90年代末期，我国农民工持续增长势头受到遏制，农民工流动及城市化进程趋于平稳。其主要原因在于：一是农产品价格提升，吸引部分农民工回流从事农业生产；二是20世纪80年代流入城市的农民工已步入老年，由于失去体力劳动的优势，选择返乡务农；三是1997年受亚洲金融危机影响，加之我国处于国有企业改制时期，致使城市出现大批下岗工人，农民工就业压力增大，部分城市出现了限制农民工进城的政策。因此，该时期出现了第二次农民工的“回流潮”。

2000年，我国对城乡二元分割体制进行了深入变革，劳动和保障部、国家计委等部门联合下发了《关于进一步开展农村劳动力开发就业试点工作的通知》，对农民工进城务工的一系列不合理的限制和收费进行了废除。2001年，《国民经济和社会发展“十五”计划纲要》（以下简称《纲要》）在第九届全国人民代表大会上审议通过，标志着我国新型城镇化关系的建立。为了进一步推动农村剩余劳动力的有序流动，《纲要》要求打破城乡二元化的分割体制，深化户籍制度的改革。2003年，我国相继出台了若干关于农民工进城务工的相关规定，为农民工合理、有序以及自由地流动提供了政策保障。其中，国务院办公厅在2003年1月下发了《关于做好农民进城务工就业管理和服务工作的通知》，要求给予进城务工的农民工，尤其是具备特殊职业技能的农民工和城市居民一样的待遇。另外，保护农民工在城市的合法务工权利，不得随意和强制拘留、审查农民工。《工伤保险条例》中城市工伤保险首次将农民工划入保障范畴之内。2003 年 10 月，国务院办公厅在《关于进一步做好进城务工就业农民子女义务教育工作的意见》中提出，在子女接受教育的问题上，要将农民工与城市居民同等对待；同年 11 月，建设部等部门联合下发了《关于切实解决建设领域拖欠工程款问题的通知》，要求省（区、市）各级政府对建设领域的工程款拖欠问题，在 3 年内积极采取各项措施，统筹协调，力争在 2005 年底前完成清欠工程款的任务。

在农民工市民化规范发展的这一阶段中，城市化的发展进程与农民工市民化的发展进程均在加速进行。城市人口的比重由 1992 年的 27.63％（32372 万人）增加到 2003 年的 40.53％（52376 万人），市民人口共增加了 20004 万人，年均增加 1515 万人（根据《中国人口统计年鉴》计算得出）。

（四）农民工市民化的着力推进阶段（2004 年至今）

2004 年劳动和社会保障部对我国劳动力进行了调查，发现在珠江三角洲、闽东南、浙东南等地的加工制造企业出现大约 10％的“民工荒”现象。该现象主要表现为：在劳动密集型企业中，缺乏年轻的技术熟练的操作工人以及具备高级技能的技术工人。到 2009 年底，“民工荒”现象愈演愈烈，甚至像四川、河南、安徽等农民工输出大省都出现“民工荒”现象。相关问题的研究学者认为“民工荒＝制度荒＋权益荒＋技能荒”，而究其根源在于农民工市民化不能充分实现。同时，从“民工荒”现象也折射出了农民工群体内部的代际分化，21 世纪初也正是第一代与新生代农民工的交替之际。第一代农民工正在退出城市返回农村，而新生代农民工取而代之，被认为是当前农民工的中坚力量。不同原因导致的农民工短缺现象在两代农民工中产生了不同的代名词——以第一代农民工为代表的“民工潮”和新一代农民工为代表的“民工荒”。前者主要是由于经济调整而形成的产物，后者则反映了新生代农民工的地位、权益的全面诉求。为此，政府以消除歧视、权益回归和制度重构为主题，制定了一系列保障农民工的政策措施，加快推动农民工市民化的进程。

2004 年 2 月，中共中央、国务院《关于促进农民增加收入若干政策的意见》提出：“保障进城就业农民的合法权益。进一步清理和取消针对农民进城就业的歧视性规定和不合法收费，简化农民跨地区就业和进城务工的各种手续，防止变换手法向进城就业农民及用工单位乱收费。进城就业的农民工已经成为产业工人的重要组成部分，为城市创造了财富、提供了税收。城市政府要切实把对进城农民工的职业培训、子女教育、劳动保障及其他服务和管理经费，纳入正常的财政预算，已经落实的要完善政策，没有落实的要加快落实。对及时兑现进城就业农民工资、改善劳动条件、解决子女入学等问题，国家已有明确政策，各地区和有关部门要采取更得力的措施，明确牵头部门，落实管理责任，加强督促检查。健全有关法律法规，依法保障进城就业农民的各项权益。推进大中城市户籍制度改革，放宽农民进城就业和定居的条件。”同年，在《关于农民工参加工伤保险有关问题的通知》中，劳动和社会保障部要求着重促进和监督矿山开采、建筑以及风险较大行业的农民工工伤保险的缴费工作。同年年底，在《关于进一步做好改善农民进城就业环境工作的通知》中，中央再次强调各级地方政府要对在城市务工的农民工做好服务和管理工作，并且要着力改善农民工的就业环境。

2006 年 3 月，在《关于解决农民工问题的若干意见》（以下简称《意见》）中，中共中央、国务院做出了“抓紧解决农民工工资偏低和拖欠问题”“合理确定和提高农民工工资水平”“依法规范农民工劳动管理”“搞好农民工就业服务和培训”“积极稳妥地解决农民工社会保障问题”“切实为农民工提供相关公共服务”“健全维护农民工权益的保障机制”“促进农村劳动力就地就近转移就业”“加强和改进对农民工工作的领导”等方面的批示。截至 2014 年，该文件是中央对农民工问题进行的最全面、最深入的解析和规定，是实现农民工市民化具有纲领性的重要政策。为了更好地贯彻执行《意见》，国务院特地在 2006 年 4 月成立了“农民工问题部际协调办公室”。同年 5 月，在《关于开展农民工参加医疗保险专项扩面行动的通知》中，劳动和社会保障部要求各级地方政府积极推动当地农民工参加医疗保险。

2010 年 1 月，中共中央、国务院发布了关于“三农”问题的一号文件——《关于加大统筹城乡发展力度进一步夯实农业农村发展基础的若干意见》，提出要统筹城乡协调发展，为农民工市民化的稳步推进奠定了重要基础。

在推进农民工市民化的这一时期，从中共中央、劳动和社会保障部等相关部委先后出台的各项宏观政策中，均呈现出农民工的就业渠道不断拓宽、权益保障不断深化、社会地位不断提高等促进农民工市民化的诸多政策。因此，该时期农民工市民化进程表现出快速发展的特点。2011 年全国第六次人口普查显示，我国流动人口总量已达 2.21 亿，流动人口中 87.6%的人为农业人口，也就是说农业流动人口已达 1.94 亿。中国农村剩余劳动力的城镇转移行为进入一个新的阶段。

综上所述，从新中国成立至今，纵观我国农村剩余劳动力流动、城市化的进程，国家宏观政策成为其主要的影响因素。在国家政策的指引下，农民工市民化经历了从少量到规模、从限制到允许、从控制到引导，直至大力推进的一系列过程。国家统计局数据显示，2009 年进城务工的劳动力比 2006 年净增 1353 万人，其中，30 岁以下的劳动力增长 2019 万人，而 30～40 岁、40 岁以上这两个年龄段的劳动力却分别减少了 647 万人和 19 万人。可见，城市新增务工劳动力主要来自新生代农民工，而年龄在 30 岁以上的老一代农民工已逐步回流农村。因此，新生代农民工已居于农民工群体的主体地位，其中市民化已成为必然趋势。

二、农民工市民化研究

当前，我国正处于快速城市化进程中，农民工市民化既是城市化的核心内容，也是提升城市化质量的重要路径。近年来，我国社会科学工作者对于农民工市民化的研究较多，其研究内容大体可以分为五个方向。

（一）农民工市民化的概念与内涵研究

学术界有关农民工市民化的概念界定，主要可以分为两大类：一类是在一般意义上对农民工市民化进行概念定义，另一类则是从狭义和广义两个角度对农民工市民化进行内涵梳理。

一般意义上对农民工市民化的概念界定，主要以人口转移、职业转换以及素质发展为切入点。如姜作培（2002）认为，农民工市民化是指在我国现代化进程中，借助工业化的推动，让世世代代生活在农村的广大农民离开土地和农业生产活动，进入城市从事非农产业，其身份、地位、价值观念以及工作方式、生活方式等向城市市民转化的经济社会过程。黄泰岩、张培丽（2004）认为，农民工市民化是指农民身份向市民身份的转变，但这种转变不仅体现在身份形式上，更重要的是农民生产方式、生活方式和思维方式上的本质变化。袁小燕（2005）认为，农民工市民化泛指农民向市民的转化过程，不仅是指农民由居住在农村转变为居住在城市，由农村户口转变为城市户口，由从事农业生产转变为从事非农业生产，更重要的是其思想观念、生活方式、行为方式、社会组织形态等由农村范式向城市范式转变，最终成为一个符合城市文明要求、具有现代市民素质的真正意义上的城市居民。概括说来，一般意义上的农民工市民化至少包括两层含义：一是内在素质的市民化，二是外在资格的市民化。许峰（2004）认为，内在素质市民化是指有关市民生活意识、权利意识的发育以及生活行为方式的变化等，是农民工市民化转化过程；而外在资格市民化更多的是指职业和身份的非农化，包括户口及其附带的福利保障等，是农民工市民化的结果。但也有学者质疑，当内在素质市民化与外在资格市民化二者不能并驾齐驱时，究竟是先有内在素质的市民化再有外在资格的市民化，抑或相反？（杨风，2009）

还有一部分学者主张从广义和狭义两个角度来认识和梳理农民工市民化的概念及内涵。如狭义的“市民化”是指农民、外来移民等获得作为城市居民的身份和权利，即取得市民权的过程，包括居留权、选举权、受教育权、社会福利保障权等。而广义的“市民化”还应包含市民意识的普及以及居民成为城市权利主体的过程（陈映芳，2003；Auvachez，2009；Cohen，Elizabeth，2011）。因此，广义的农民工市民化，是指借助工业化和城市化的推动，使传统农民在身份、地位、价值观念、社会权利以及生产生活方式等各个方面向城市市民全面转化，以实现城市文明的社会变迁过程（杨风，2009）。它包括农民生产方式和职业身份的转变（非农化），居住生活空间的转移（城镇化），文化、素质及生活方式、行为方式等社会文化属性的变化（市民化），以及各种社会关系的重构（结构化）与城市社会生活再适应的过程（再社会化）（文军，2004；李建兴，2006）。

（二）农民工市民化的现状与问题研究

大量研究表明，目前我国进城农民工中的绝大多数仍然处于一种“半城市化”或“不完全城市化”状态，农民工市民化的总体程度较低（王春光，2005；单菁菁，2006；陈丰，2007）。如周晓虹（1998）对北京“浙江村”与温州一个农村社区进行的个案比较研究，朱考金（2003）对南京市 600 例样本的分析，徐志旻（2004）对福州市五区 132 户进城农民工家庭的调查分析，以及张时玲（2006）对安徽农民工的调查研究，都表明当前我国农民工尚未真正融入城市社会，没有完成市民化。

马广海（2000）认为，当前农民工与城市的关系还仅限于经济上的交换关系，即农民工付出劳动并获得相应报酬，而在其他方面仍然被城市社会拒于大门之外，城市对于农民工而言是“经济吸纳，社会拒入”。也有学者认为，多数农民工都集中在城市的边缘性领域和空间，对城市社会缺乏认同感和归属感，在事实上处于城市的“边缘化”地位，很难真正融入城市社会（王春光，2003，2006；刘传江，2004）。其具体表现为就业非正规化、居住边缘化、生活孤岛化、发展能力弱化、社会认同内卷化等（王春光，2005）。

（三）农民工市民化的制约因素研究

当前，我国农民工市民化依然篱栅重重（郑杭生，2005；颜秀金，2006）。从国内外已有研究看，影响农民工市民化的制约因素大致可以分为主体性障碍、制度性障碍、社会性障碍和经济性障碍。

首先，影响农民工市民化的制约因素来自作为市民化主体的农民自身，主要表现：一是素质障碍，即农民自身文化素质不高、职业技能缺乏，在城市社会竞争中特别是就业市场竞争中处于弱势地位，只能从事高强度、低报酬的“三D”工作（Diry，Dangerous，Demeaning，即脏、险、累的工作）（Roberts K. D.，2001），市民化的自我发展能力严重不足（张世友，2004；高华，2007；单菁菁、牛凤瑞等，2009）。二是文化障碍，即进城农民受到城市社会的区别性对待，产生自卑心理及对城市的“文化抗拒”，并形成自我封闭的“亚文化”（Subculture）圈，自觉选择与城市文化、价值观念、行为规范等方面的隔离（甘满堂，2005；叶鹏飞，2012），缺乏对城市生活的认同感与归属感（米庆成，2004；李艳、孔德永，2008；郭聪惠，2008；史溪源，2011）。三是认识障碍，即农民自身观念陈旧，小农意识浓厚，与现代城市社会脱节（裘涵等，2004；杨东，2003）。

其次，农民工市民化面临着许多制度性障碍，主要表现在三个方面：一是城乡分割的户籍制度以及附着其后的教育、医疗、社会保障等差别化制度，使农民工很难享有与城市市民平等的权利与福利，被排斥在城市社会福利保障体系之外，从而不得不继续依赖农村土地作为保障，难以割断与农村土地的纽带关系（卢海元，2005；陆林，2007；陈丰，2007）。二是城乡割裂的二元劳动力市场，迫使大多数农民工不得不通过次属劳动力市场，进入那些劳动强度大、收入低、稳定性差的非正规性和边缘性就业岗位，从而很难实现与城市主流社会的融合（闫文秀，2005；李涛；2005；国务院研究室课题组，2006）。三是僵化的农村土地承包制度和宅基地制度，前者缺乏流动性和经营权转让市场，后者缺乏合理的退出机制，使农民始终无法彻底脱离土地到城镇生活，从而很难实现完全的市民化（卢海元，2002；刘传江，1999；杨浩，2009）。

再次，农民工市民化还面临着一些社会性障碍，主要来自三个方面：一是来自城市政府。一些城市政府存在着重管理而轻服务、重义务而轻权益、重城市而轻农村的取向，城市管理更多的是在现有框架中寻找消减人口流动负面效应的途径，在维护城市人口特权方面的努力远远大于给予农民工以公平待遇的探索。这种管理上的错位，客观上加剧了农民工边缘化的倾向（彭希哲，2001；单菁菁，2006）。二是来自城市居民。由于城乡发展不均衡，城市居民长期享有高于农村居民的生活水平和福利待遇，并形成高高在上的优越感，对农民工持轻视和排斥的心理，成为阻碍农民工融入城市社会的又一重要原因（胡苏云、赵敏，1997；黄晨熹，1999；钱正武，2006）。三是来自农民工的社会资本。农民工进入城市的过程实际上也是他们社会网络重构的过程，由于社会经济地位的底层性、在城市居住的边缘性、与城市居民交往的局限性，农民工往往更倾向于构建小范围的以地缘、亲缘、血缘等为基础的社会关系网络，而与整个城市社会的联系较少。这种同质性强、异质性差的社会资本很难为这些迁移人口提供在城市向上流动的机会（李培林，1996；李汉林、王琦，2001）。

最后，农民工市民化还面临着一些经济性障碍，突出表现为农民工市民化的社会成本巨大。国外有学者早在 1982 年就指出，发展中国家不断加快的城市化进程正在使其面临如何支付城市化成本的棘手难题。近年来，随着我国对农民工市民化研究的不断深入，一些学者也开始关注到农民工市民化的成本问题，指出：目前农民工市民化进展缓慢，表面上是户籍制度、就业制度、社会保障制度、城乡土地制度等二元体制改革的滞后，但根本原因还是改革这些制度需要付出高额的社会成本（蔡昉等，2001；张国胜，2008；杨风，2009）。

（四）农民工市民化的发展路径研究

针对目前我国农民工市民化存在的问题，学术界提出了大量探索性的对策和建议。如陆学艺（2000）、黄泰岩和张培丽（2004）等学者提出，要彻底打破城乡分治的二元体制，为农民进城提供一个良好的社会环境。郑杭生（2005）则强调在农民向市民转化的过程中，除了外部“赋能”，农民自身也必须“增能”。姜作培（2003）认为，只有实现对农民工市民化的认知统一、大中小城市并举发展的方针统一、城乡户籍制度的统一、就业市场化机制的统一、社会保障待遇的统一、服务与管理的统一等“六个统一”，才能在城市化进程中加快实现农民工市民化。在对已有文献进行归纳梳理后发现，目前学术界普遍认为可以通过三种路径来推动我国农民工市民化进程。

一是通过制度化改革推进农民工市民化。其重点是围绕农民工的农村退出、城市进入和城市融合三个环节进行制度改革和创新（王桂芳，2008）。在农村退出环节，需要解决的核心问题是耕地流转制度创新和农地征用制度创新（卢海元，2002；刘传江、徐建玲，2008；杨浩，2009；唐健，2010；张蔚，2011）。在城市进入环节，需要解决的核心问题是户籍制度改革和城乡一体化的就业制度改革等（陆学艺，2000；柯兰君、李汉林，2001；黄泰岩、张培丽，2004）。在城市融合环节，需要解决的核心问题是农民工的居住、社会保障以及公共服务均等化等方面的改革（杨东，2003；国务院研究室课题组，2006；陈丰，2007；刘传江、徐建玲，2008）。

二是通过能力建设加快农民工市民化。其将政府、企业、社会的外部“赋能”与农民的自身“增能”有机结合，全面加强农民工的素质与能力建设。重点包括农民工的现代素质培养与积累（王正中，2006）、人力资本投资与积累（张新玲、赵永乐等，2007；高华，2007；单菁菁，2010）、社会资本投资与积累（米庆成，2004；李艳、孔德永，2008；单菁菁，2010；叶鹏飞，2012）等，目标是全面提升农民工的就业竞争能力和城市适应能力。

三是通过完善组织化管理保障农民工市民化。其重点是以社区为主体、以服务为导向建立城市外来人口管理新模式，将进城农民视为城市的有机组成部分，并按照常住地原则将他们纳入当地社区的管理和服务，给予他们平等的市民待遇，更好地保障他们的合法权益。同时，鼓励、引导进城农民积极参与社区建设和管理，通过参与式管理和自治化管理，将他们纳入社区的民主生活中，提高他们的主人翁意识，增强对城市的认同感和归属感，以推动农民工更快、更好、更顺利地融入城市（胡苏云、赵敏，1997；黄晨熹，1999；彭希哲，2001；李艳、孔德永，2008）。

（五）农民工市民化的成本及其分担机制研究

长期以来，户籍制度一直被认为是我国农民工市民化的首要障碍。但近年来，随着各省户籍制度改革的加快，户籍门槛的影响已明显弱化，而较高的成本成为影响农民工市民化的又一重要门槛。如赵耀辉（1999）指出，即使没有户籍等各种人为因素的障碍，单就解决住房问题就已构成农民迁移的严重障碍。蔡昉等（2001）也强调，我国农民工市民化滞后这一问题的实质是对户籍制度背后大量福利因素所构成的市民化高成本门槛的反映。目前，国内学者关于农民工市民化成本的分析研究尚不多见，由于缺少有效的评估方法和所需要的数据，对农民工市民化成本的具体测算更是少之又少。我们根据已有的研究成果归纳出农民工市民化成本大致包括以下三个方面：一是社会保障成本，包括养老保险、医疗保险和失业保险等支出。二是公共服务成本，主要包括教育、医疗、基础设施建设等投入。三是住房成本。因此，农民工市民化的最终实现，除了需要进行相关的制度创新外，必须加大相应投入，以解决农民工市民化过程中住房、公共服务及基本权利保障的资金问题。

近年来，随着物价上涨以及人民生活水平和标准的提高，农民工市民化成本呈现出快速上涨的趋势。要有效解决数亿农民工市民化的高额成本问题，单纯依靠政府或农民工自身都是难以承受的（简新华、黄锟，2008），关键是要建立一个长效的多元化成本分摊机制。目前，我国学术界对此主要有两种观点。

一是以政府财力负担为主。国务院发展研究中心课题组（2011）认为，如果不考虑养老保险的远期支出，则农民工市民化过程中短期支付一次性成本平均为2.4万元，并提出可以主要依托政府财力来解决农民工市民化成本问题。然而，这与观察到的现实相去甚远，很难作为依据。如在北京市城乡接合部改造，平均每个农民实现农转居需要支付100万元左右的成本，从一个侧面反映了市民化的高成本问题。

二是政府、企业和农民三元分担模式。张国胜（2008）主张通过政府财政、企业收入和农民工收入的三元分担模式来分摊农民工市民化的成本。但这种分担模式并没有给出一条具有可操作性的实现路径，不能有效地解决农民工市民化的成本问题。如2010年，我国外出农民工的月平均收入仅为1690元，除去住房和日常生活开销几乎所剩无几，仅处于生存水平，甚至还有20%的低收入家庭的收入与消费支出比为1∶1.12，常年处于收不抵支、入不敷出的状态（国家人口和计划生育委员会流动人口服务管理司，2011）。以这样的工资收入再要农民工负担实现市民化的成本是完全不可能的。自2002年党的十六大提出城乡统筹以来，各地在实践中创造性地提出了多种消化市民化成本、推进农民工市民化的方法。总结这些方法，其核心内容就是在农民工市民化进程中进行农村产权的管理改革，如北京全面推进农村产权制度改革、天津以宅基地换房、苏州“三合作三置换”、嘉兴“两分两换”、莱芜“两股两建”以及各地农村产权交易所的纷纷建立等。学术界也提出了让农民“带资”进城的观点（厉以宁，2008；唐健，2010；魏后凯、陈雪原，2012）。

目前学术界关于农民工融入城市问题的研究已经充分展开，并取得了较为丰富的研究成果，但从研究视野及理论深度来看，仍然存在着较大的提升空间。

首先，在农民工市民化的现状方面，已有研究大多是通过案例观察和现象描述来进行定性分析，缺少对农民工市民化状况的定量分析和比较研究。这使得目前对农民工市民化的总体情况、内在规律和发展前景了解得尚不够深入。

其次，在农民工融入城市的制约因素方面，已有研究虽然从经济学、人口学、社会学、制度学等多种角度、多种视野展开，具有点多、面广、内容丰富的特点，但对这一问题的系统性研究和综合性研究仍显不足。特别是从经济学角度，以往研究主要和传统的劳动力转移研究惯性相关，属于一种局部均衡分析。而按照一般均衡的经济理论是不应存在农民工市民化问题的，因为经济具有内在的调节机制，会通过多个市场之间的连锁反应，自动达到想要的均衡状态。中国之所以出现农民工市民化滞后问题，主要是因为长期的城乡二元结构体制与产权不清晰的农村集体所有制，分别形成了农民进城过程中的两大市场分割，导致劳动力市场和土地、资金等要素市场发育不健全。农民一方面要求享受市民待遇，另一方面又因为无法处置在农村的资产而无力承担市民化的高成本。因此，当前研究亟须跳出既有框架，对农民工市民化问题进行更加深入的系统性分析。

再次，在农民工市民化的发展路径方面，已有研究或是偏重于强调宏观结构的制度变迁，而忽略了变迁中农民工的能动性实践；或是偏重于强调农民工自身的资本积累和社会适应，而忽视了个体适应所需要的整体环境和宏观结构背景。因此，在发展路径选择和政策建议中常常出现微观与宏观、个体与整体、行动与结构之间的断裂。

最后，在农民工市民化的社会成本方面，已有研究主要集中于政策层面，缺乏对农民工市民化成本问题的深入分析，更缺乏对农民工市民化成本分担机制的深入分析。在大多数情况下，制度都是内生的，户籍制度的产生、发展和消亡也是一个内生的过程。1958 年建立的城乡分割的户籍制度主要是在当时的国力下尽可能降低工业化、城市化的成本。而目前，时代发展要求打破户籍制度的障碍，让进城农民也能够享受到市民待遇，这就需要从社会成本的视角而不能单纯从政策制度本身来分析农民工市民化问题，更不能将农民工市民化进程滞后简单地归咎于政府及政策，因为政策本身也是内生的。只有深入分析农民工市民化的成本问题，提出合理可行的成本分担机制，才能找到推进农民工市民化的现实路径。

三、农民工市民化的本质属性认识

农民工市民化既是一个过程，也是一个结果。首先，农民工的市民化意味着其生活空间的变化，其将会从农村迁徙到城市生活。城市生活与农村生活有着本质上的区别。城市有着高度的社会化分工系统，城市生活是一种社会化生活，个人及家庭的生活境况决定于其自身在整个社会分工系统中的位置和对资源、资本的占有，是一种完全的市场化生活方式，通过货币支付来获取个人和家庭生活必需品成为主导的生活方式。由此可见，农民工市民化的首要条件是农村剩余劳动力从农村转移出来之后的就业问题，也只有通过就业才能解决农民工及其家庭在城市生活所必需的经济资源，满足其基本需要；也只有通过就业和工作机会的获取，农民工才能在城市生活中完成其社会化，形成其关系网络，满足其社会交往的需要；也只有实现就业，农民工才有机会实现其自身的价值，满足其自我实现的需要。因此，农民工市民化的首要条件是在城市的就业。

其次，农民工市民化是其生活方式的市民化。城市生活是一种高度的对外信赖性的生活，个人的生活的持续依赖于两个层面的市场：一是公共服务市场，包括医疗、社会保险、养老等公共服务内容；二是依赖于私人商品市场，包括各种生活商品的供给和休闲娱乐等。理论上，在一个高度分工的社会体系中，任何个人的城市生活都离不开公共服务和私人商品的供给，两者的均衡供给和合理消费直接影响到个体及家庭层面的城市生活质量。然而公共服务和私人商品有着不同的生产和消费特征，公共产品应由政府提供，而私人商品应由市场提供，这意味着农民工市民化生活应该包括以下两个方面的实质性内容：一方面有机会分享到政府所提供的公共服务，另一方面有能力从私人市场上购买自己生活所必需的商品。农民工是否有机会分享到均等化的公共服务决定于政府的制度安排，是否有能力获取自身及家庭生活所必需的商品决定于市场所提供的就业机会的多寡以及自身所拥有的人力资本。由此可见，农民工生活的市民化决定于政府的公共服务供给意愿和农民工自身的资源禀赋，而这两者之间又是相互关联的。

最后，农民工是社会人，社会人是以家庭为基本组织的形态，这样就产生了一个农民工的再生产问题，农民工的再生产涉及两个层面的再生产：一是其自身的再生产问题，也就是其自身能力和劳动技能的提高问题，农民工自身能力和劳动技能的提高既可以通过“干中学”来实现，也可以通过社会化的继续教育系统来完成，这客观上要求政府应该提供相应的公共服务。二是其家庭的再生产问题，家庭层面的再生产既可以从生理角度去理解，也可以从家庭之间的代际关系去理解。从家庭之间的代际关系角度去理解，农民工的再生产问题就是农民工的子女教育、成长问题，而要完成农民工子女的市民化的关键是其在城市接受义务教育权利的制度性保障。也就是说，国家层面应该有一套制度安排能够保障农民工子女在城市内享受到其应该拥有的接受教育的权利。

四、本章小结

本章在回顾我国农民工市民化制度变迁过程的基础上，界定了农民工市民化的概念与内涵，并深入探讨了市民化的本质属性、现状与困境、制约因素、发展路径和成本分担机制研究。

首先，我国农民工市民化是一个从不断涌入城市到农村回流的往复过程。按照我国国情与经济社会结构的转变过程进行划分，我国农民工市民化主要分为开启阶段、回升阶段、规范发展阶段和着力推进阶段。在这四个阶段中，国家与地方政府依据不同时期的状况，制定与出台不同的户籍管理政策以限制农民工向城市的转移，其市民化进程也受到影响。

其次，综合国内学者对农民工市民化概念与内涵的不同角度的理解及界定，本书认为农民工市民化不仅是职业身份由农民转为城市居民和居住空间的转移，而且是其文化、素质、生活方式、行为方式等社会文化属性的转变和人际社会关系的重构。然而，受主体性障碍、制度性障碍、社会性障碍和经济性障碍的影响，我国农民工市民化进程缓慢，且绝大多数农民工处于一种“半城市化”或“不完全城市化”状态。因此，我国政府、企业、农民工三方须合力，从制度体系、社会保障、组织管理、能力建设和成本分担等多方面推进农民工市民化进程。

再次，农民工市民化本质上既是一个过程，也是一个结果。相较于自给自足家庭式生活的农村生活，城市生活是一种社会化生活，其生活方式是完全市场化的。因此，城市就业机会、政府公共服务供给意愿、农民工自身资源禀赋等方面因素决定了农民工能否顺利市民化。

最后，综上所述，本书认为，立足于我国农民工市民化进程变化与现实背景，基于多学科多理论相结合的理论分析体系，从多方面分析农民工市民化的概念、内涵与本质属性，找出制约我国农民工市民化进程顺利进行的主要因素，有利于我们更好地分析与探讨我国农民工市民化陷入困境的原因和解决路径，有利于我们对农民工市民化的本质属性有更清楚的认识。

第四章　农民工市民化的历史进程与市民化成本类型研究

成本一词在不同学科和语境下有着不同的定义，既可以认定为商品生产中的生产要素价值，也可以被认为是会计记录在册的有形货币支出，或可以泛指从事某种行为所需付出的代价。任何成本的产生都与制度安排有关，同样的，不同时期的农民工市民化的制度安排也是不同的，因此，对农民工市民化成本研究离不开对国家有关政策调整的审视。由此引申，农民工市民化成本也是一个内涵和外延极为丰富的概念，在对农民工市民化成本分担激励机制研究之初，就应当对农民工市民化成本做出明确和清晰的界定。本章结合文献研究的方式，对农民工市民化成本的定义、内容构成及影响因素方面进行经验分析，为研究主旨做出必要的前期铺垫。

一、农民工市民化成本的界定

（一）成本及其分类

“成本”概念广泛应用于经济社会领域，因此很难对其做出一个明确而统一的定义。纵观学界对成本的各类定义可以发现，价值牺牲是构成“成本”概念的核心。也就是说，某种成本必然需要某种牺牲，“这些牺牲也许是有形的，也许是无形的；也许是客观的，也许是主观的；也许可以用货币计量，也许不能用货币计量”（李洪山，1996）。由此，衍生出对“成本”的各种分类。

1. 显性成本和隐性成本

显性成本在一定意义上等同于会计成本，它是指经济行为主体为其行为所需支付的货币额，也是财务人员登记入账的财务支出，如企业对原材料、中间投入品费用和工资支出等。隐性成本则是指进行某项经济活动时所付出的无形的代价。一方面，隐性成本是行为主体使用自身拥有的那些被投入生产过程中的生产要素的费用，如厂房、土地等；另一方面，隐性成本也可以被视为机会成本，即为了某个活动而放弃将资源投入其他可选择的活动中所获得的最高收益。需要注意的是，显性成本是人们通常关注的成本形式，可以通过实际测算并反映在财务账目中，隐性成本则一般很难反映在财务账目上，容易被财务人员忽视。随着经济社会的发展和人们对成本含义的理解与深化，目前隐性成本越来越被重视并应用到项目决策中；在实际的经济活动中，显性成本一般与会计成本联系，而经济学对成本的关注除了显性成本，还要考虑到机会成本等隐性成本。

2. 私人成本和社会成本

私人成本是从行为主体如厂商的私人角度来看的成本，就是厂商自身在从事某项经济活动时的花费。而在厂商进行某项经济活动时，不仅会产生私人成本，而且也会产生相应的外部成本，如造成环境污染，必须由社会付出某种代价，此时就涉及社会成本的概念。从社会成本理论的视角出发，社会成本是经济活动中必然产生的客观现象，行为主体应该承担的私人成本与非行为主体承担的外部成本总和就是社会成本。

（二）农民工市民化成本

1. 文献回顾

对于农民工市民化成本的概念，研究者纷纷给出了自己的界定，总结出诸多不同的农民工市民化成本的定义。具有代表性的如张国胜等（2008）主要从社会成本的角度将农民工市民化成本界定为“使现有的农民工在身份、地位、价值观、社会权利以及生产、生活方式等方面全面向城市市民转化并顺利融入城市社会所必须投入的最低资金量”。杨先明（2011）也持类似观点，认为农民工市民化成本主要是社会成本，主要是解决农民工市民化过程中基本公共服务资金需求问题。曹兵等（2013）从人口城镇化过程出发，将农民工市民化成本分为广义和狭义，广义指农民工离开农村前的准备阶段一直到成为市民全过程中所需的费用，狭义则是指“农民工融入城镇成为市民的费用”。他进一步指出自己研究的对象是狭义的农民工市民化成本概念。单菁菁（2015）认为农民工市民化成本就是“农民工到城镇定居生活并获得相应福利待遇和公共服务等所需进行的各种经济投入”。李小敏等（2016）也将农民工市民化成本界定为“支撑农民工进城后的基本生活、公共服务和福利待遇等达到城镇居民相同水平而必需的物质和资金投入”。冯俏彬（2013）从公共财政的角度出发，认为农民工市民化成本主要是将已经居住在城市的农民工纳入城市公共服务体系的那部分政府新增财政资金支出。

通过分析上述概念发现，由于研究视角和具体研究目的的差异，学者们对农民工市民化成本的概念在表述上不尽相同，但仔细分析可以发现，所有的定义基本都是侧重资金费用，即是基于可测算的显性成本角度去界定的，同时大部分研究虽然侧重政府投入，但总体能够对农民工市民化成本有一个明确的认定，即资金投入的多主体。

2. 相关概念

农民工市民化问题源自我国的城镇化现实，从目前国内的研究状况分析，由城镇化衍生出来的概念较多，相应地也产生了一些与农民工市民化成本具有联系和区别的概念，容易在理论和实践中造成混淆。

（1）农村劳动力转移成本

目前国内对农村劳动力转移成本的分析探讨大多是基于西方经典的劳动力部门间迁移转移模型，在个体成本—收益分析框架下去展开。此类研究如余玉平（2004）在《农村劳动力转移的成本收益分析及政策建议》中讨论的农村转移劳动力务工成本，李丰春（2005）在《农村劳动力转移的成本—效益分析》中对农村转移劳动力进城务工过程中的显性和隐性成本的分析，王凡恩（2007）在《我国农村剩余劳动力转移的隐性成本分析》中侧重转移劳动力个体的机会成本、情感成本、政治成本等的详尽论述。此外，黄国华（2010）进一步发展了农村劳动力转移成本的内容，“包括货币成本（各种政策性收费、住宅支出、食物支出、寻找工作的支出、集体资产沉没成本）和非货币成本（寻找工作的时间成本、放弃原来熟悉环境所形成的心理成本）；劳动力流动的效用包括货币效用（收入的提高、福利的增长）和非货币效用（更宜人的城市环境、个人心理的满足等）”。概括起来，这类研究虽然对成本的类型和来源有着不同的划分，但其分析视角均集中于农村劳动力个体层面，集中探讨了农村劳动力为转移而付出的代价。换句话说，这类研究对农村劳动力转移成本的定义是农民向农民工转化过程中个人所付出的代价。

也有一些研究从更为全面的视角对农民工市民化的成本进行了探讨，认为农村劳动力转移成本不仅包含了个体所付出的代价，而且相应地会产生社会成本如城镇的管理成本、春运成本、流动人口犯罪预防成本等，此类研究如李善峰（1996）、曹宗平（2009）和傅景远（2003）等人的研究。总的来说，这类研究将农村劳动力转移成本视为农村剩余劳动力转移过程中个体和其他相关行动者如相关政府部门等所投入的直接、间接费用，以及其他无法用货币衡量的代价。但其对转移过程并没有清晰界定，即没有明确说明是从农民向农民工转变的过程，还是农村劳动力向城市转移并最终成为市民的全过程。

此外，也有学者明确地将农村劳动力转移成本界定为包括农民向农民工转变以及农民工向市民转变过程中农民工的个体私人成本和城市政府的社会成本总和，具有代表性的如范红忠（2006）在《我国农村劳动力转移过程的成本分析》中的论述。从这类界定来看，农村劳动力转移成本与曹兵（2012）界定的广义的农民工市民化成本类似，且与目前国内大部分学者对农民工市民化成本的界定存在交叉联系。

总的来说，虽然有少量研究对农村劳动力转移成本涉及多利益主体进行了详尽分析，但其过多侧重个体层面的研究使得这一概念的学术界定存在较大的视角局限，研究深度存在明显的不足。随着农民工市民化问题的逐渐暴露和学界对农民工市民化成本问题研究的日益深入，农村劳动力转移成本的概念也逐渐被学界弃用，但这一概念与农民工市民化成本存在较为紧密的联系，因此在农民工市民化成本的界定中必须注意与此概念的区分。

(2) 城镇化成本

国内对城镇化成本的概念尚无统一界定，很多研究者主要侧重从经济成本去分析，忽略对无形损失或代价的讨论。城镇化是一个社会系统工程，因此学者们基本都从宏观层面对其进行界定。典型的如刁承泰等（2005）认为“狭义的城镇化经济成本是为容纳一定时期内增加的城市人口而必须花费的资金投入”，“广义的城镇化经济成本则是在一定时期内，区域城市化水平每提高一个单位（一个百分点）所花费的经济投资总量”（黎红、杨黎源，2017）；中国科学院可持续发展战略研究组（2012）将城镇化成本界定为推动城镇化所需的经济成本、自然成本和社会成本；王志锋等（2013）将城镇化成本界定为随着城镇化推进而来的城镇支出增加的自然增长成本和由于政府公共政策不恰当而增加的非自然成本的总和；蔡翼飞等（2014）认为城镇化成本就是为了解决新增人口的生活就业问题和改善城镇人口生活水平所需追加的费用。

与上述定义侧重政府对城镇化成本的主要承担不同，还有学者从综合的视角，认为城镇化成本不仅包含政府的财政投入，还应该包括相关主体的投入。典型的如徐琴（2004）认为我国城镇化成本是由政府主导下的政府财政投入及政策引发的各类主体所付出的代价或损失，王家庭（2012）进一步在城镇化直接成本的分析中认为私人成本也是其中的必要组成部分。此类定义主要从多主体角度将城镇化成本界定为城镇化推进过程中政府、个人和企业等主体的各类投入。

综上分析可以认为，城镇化成本基本就是指以政府为主要承担者，其他行为主体也相应投入的，为了推进城镇化的各种必要的付出。从这个意义上，本课题认为农民工市民化隶属于城镇化范畴，因此农民工市民化成本也内含于城镇化成本中，只不过其“成本”针对的对象更为细致，这也是为什么城镇化成本问题的综述性研究中，往往会将农民工市民化成本问题研究纳入其中，从农民工市民化的层面探讨城镇化成本。鉴于此，在界定农民工市民化成本的概念时，有必要理顺其与城镇化成本的关系，如果将二者混淆，必然会放大农民工市民化成本。如对既定城镇居民生活水平提高和福利增进的相关投入、城镇为了提升工业化水平进行招商引资的投入等实际上就并不属于农民工市民化成本范畴，相关为了推进城镇可持续发展的投入也不能简单纳入农民工市民化成本中。

3. 农民工市民化成本的界定

综合前述分析，基于研究的可应用性，本课题认为：

首先，农民工市民化成本应该有理论定义和实践操作定义之分，且在实践中应该侧重实践操作的定义，即视之为显性成本，是一种可以用货币价格衡量的显性成本。

其次，要明确农民工市民化成本投入的“市民化”这一阶段过程的限定前提。农民工市民化成本应专指农民工在进入城镇之后直至其完成身份转变并享受市民待遇期间所需投入的各种费用。必须把握“市民化”这一阶段性过程中，不应包括农村劳动力在进入城市之前的准备阶段的费用投入。

最后，必须注意农民工市民化成本投入的针对性，即该成本是特指为了让农民工享受市民待遇，完成市民转变的费用投入，不是为了城镇化而投入的涉及工业化和产业集聚、人口城镇化以及经济社会可持续发展等方方面面的综合费用。

鉴于此，本课题对农民工市民化成本进行二分界定，即进行理论定义和实践操作定义。理论探讨中的农民工市民化成本泛指农民工市民化过程中，相关行为主体在从事与之相关的行动中所投入的代价总和，包括农民工市民化过程中的显性成本和隐性成本、机会成本和沉没成本等；实践操作定义则特指农民工市民化过程中为使农民工转变为城镇居民并享有相应的市民待遇而需各相关者主体所付出的资金总和。需要说明的是，本课题研究中的后续涉及农民工市民化成本测算时，侧重从实践操作定义出发，重点在于突出农民工市民化成本的显性和可实测性，而理论层面的农民工市民化成本概念则作为本章后续探讨农民工市民化成本构成的出发点。同时，农民工市民化在微观层面是农民工自身的决策选择行为，但从宏观层面分析则属于一种制度安排，是具体典型的公共属性（陈怡男、刘鸿渊，2013），其过程必然受到包括政府和个体等多主体的行为及其互动的影响，由此产生的成本也属于典型的社会成本。

此外，本课题认为，农民工市民化成本在实际测算中应首先区分人均成本和总成本。农民工市民化的人均成本指的是新增一个农民工转变为市民所需付出的成本，即边际成本；总成本则是根据人均成本和估算需要转变为市民的农民工数据的乘积测算得出的成本。同时，应该注意到当期成本和远期成本的区分，当期成本是按照当前货币不变价所测算出的成本，远期成本是考虑到未来需要转变为市民的农民工数量和因时间导致的可变价测算得出的成本。

二、农民工市民化成本的构成

（一）农民工市民化成本构成研究的演进

目前，国内学界对农民工市民化成本构成的探讨主要是基于成本投入主体，将其分为农民工私人成本和政府公共成本两大类，同时也有一些研究对企业成本进行了简要讨论。

早期的研究侧重农民工市民化成本的个体层面分析。陈广桂（2004）侧重从私人成本角度对我国的农民工市民化成本进行了测算，他将私人成本细分为农民工个体的生活成本、智力成本、自我保障成本以及农民工家庭的住房成本等几个方面；段学芬（2007）首先将农民工市民化分为三个过程，即农民—农民工—市民，并进一步指出农民工个体要向市民转变至少要承担城镇的最低生活成本和转移成本等。总的来说，此类研究也指出了农民工市民化需要投入公共成本或社会成本，但并没有做出相应的讨论。

有学者从社会成本视角进行农民工市民化成本构成的分析，其中最具代表性的是张国胜（2008）构建的社会成本模型，将农民工市民化的社会成本区分为私人发展成本和公共发展成本。其后，他和陈瑛（2013）从社会成本理论的视角出发，对农民工市民化的社会成本进行了货币估值。自此，有学者如曹兵、郭玉辉（2012）等开始沿用社会成本的概念，按照张国胜的划分方案开展相应研究。此外，李长生等（2015）在实际测算研究中采用的私人成本—公共成本分类方案也与张国胜方案类似。

随着研究的深入，更多的学者意识到农民工市民化成本的分担主体多元性特征，即使是社会发展成本，也应该涵盖除政府之外的其他分担主体如企业。由此，越来越多的研究者开始从综合的视角对农民工市民化成本的构成进行划分。具有代表性的如申兵（2012）在其实证研究中将农民工市民化成本区分为政府分担成本、农民工个人分担成本和企业分担成本；傅东平（2014）、单菁菁（2015）等进一步将农民工市民化成本构成分为个人成本、企业成本和政府成本三类。此外，魏澄荣和陈宇海（2013）并未按照分担主体而是采取内容分类的方式，将农民工市民化成本构成分为安居成本、社会保障成本、教育培训成本以及城市建设成本等。总的来说，学界对农民工市民化成本构成的综合性研究已经能够合理地厘清相关的成本内容，为后续的测算研究做了充分的铺垫。

对农民工市民化成本构成进行更为细致的划分出现在近几年的农民工市民化成本测算研究中。这类研究一般具有非常明确的指向性，往往侧重农民工市民化成本的某个特定领域如公共成本进行细分，且为了更为方便可行的测算，一般只涉及能够用货币量化的显性成本。在具体研究中，丁萌萌等（2014）将农民工市民化成本细分为“随迁子女教育成本、合作医疗保障成本、基本养老保险成本、城市管理费用以及住房成本”等几个构成维度；李俭国等（2015）将农民工市民化成本分为“城市生活成本、教育成本、城市居住成本、社会保障成本和城市基础设施成本”五个方面的内容；张继良（2015）和孙正林等（2016）的分类与李俭国类似，而杜海峰等（2015）在此基础上添加了企业成本的维度。此外，也有学者就农民工市民化的某个大类研究了成本构成，如俞雅乖（2014）和谢建设等（2015）从公共服务成本方面进行测算研究，李学灵（2016）和袁荫贞（2016）分别对社会保障成本和个人、企业成本方面进行测算研究。

综合农民工市民化成本构成研究现状可以发现，虽然各种划分在标准和表述上存在差异，但学界在对农民工市民化按承担主体划分的成本构成方面形成了一定的共识，即农民工市民化成本构成主要分为个体承担、企业承担和政府承担，或者说是私人成本、企业成本和政府成本三类。同时，农民工市民化成本构成研究也从理论探讨逐渐向实证操作演进，愈发重视应用取向。

（二）农民工市民化成本的构成

农民工市民化是一个系统过程，其中涉及多主体复杂的交互作用，因此从系统论的视角出发，农民工市民化成本也应该是一个涉及微观、中观和宏观主体的投入。综合前述研究，本课题从分担主体的视角出发，将农民工市民化成本构成分为私人成本（农民工个体承担）、公共成本（政府承担）和企业成本（企业承担）三个维度，并由此去发展相应的内容。鉴于本节内容是为后续农民工市民化成本测算的实证模型奠定理论分析框架，在具体成本分析中，会涉及无法用货币衡量的隐性成本等内容。

1. 私人成本

私人成本是指农民工个体为其市民化所必须付出的代价。私人成本具有排他性的特征，需要农民工个体承担。具体包括以下几方面。

(1) 基本生活成本

农民工个体为维持其自身和家庭在城镇的基本生存需要，相较于在农村的投入而增加的那部分费用，包括食品、衣物、医疗、交通和通信等相较于农村的那部分增加的支出费用。

(2) 住房成本

农民工在城镇发生的住房费用与农村相比增加的支出费用。

(3) 智力成本

农民工为了适应城镇生活和发展，投入的用于提高自身文化和技能水平而相较于农村的那部分增加的支出费用。

(4) 随迁子女教育成本

农民工随迁子女受教育与农村相比增加的支出费用。

(5) 社会保障成本

农民工享受市民待遇所需缴纳的城镇社会保障，如基本医疗保险、基本养老保险和各类职业保险等相较于农村的那部分增加的支出费用。

(6) 社会交往成本

农民工新增并维持在城镇的人际交往以及维持旧有的人际交往相较于农村的那部分增加的支出费用。

(7) 机会成本

农民工成为市民而放弃留在农村所能获得的最高收益，包括放弃土地、放弃农业生产、放弃子女在农村受教育等方面所付出的机会成本。

2. 公共成本

公共成本是指政府为了保障农民工市民化所需付出的代价。公共成本具备纯公共产品或准公共产品的特征，需要由政府承担。具体包括以下几方面。

(1) 基础设施建设成本

城镇政府为保障和改善农民工物质文化生活而新增的基础设施建设费用，以及为新增基础设施建设而付出的城市规划、环境整治等代价。

(2) 公共事务管理成本

城镇政府为了满足农民工市民化需要而新增的公共事务管理成本，如新增公共服务、公共安全、环境保护事务而需投入的新增人员工资、新增设施购置费用等。

(3) 教育和技能培训成本

城镇政府为保障农民工随迁子女享受义务教育以及为提高农民工职业技能所开展的就业和职业培训所投入的费用。

(4) 住房保障成本

城镇政府为满足农民工市民化的居住需要而新增的住房建设费用，如为满足农民工住房需要的保障性住房建设费用。

（5）社会保障成本

城镇政府为满足农民工市民化所需的基本社会保障而新增的费用，如基本养老保险、基本医疗保险等新增费用。

3. 企业成本

企业成本是指企业为满足农民工市民化需要而新增的投入，这部分成本需要企业承担。具体包括以下两方面。

（1）社会保障成本

在农民工市民化过程中企业承担的农民工的社会保障新增支出，包括企业需要缴纳的农民工基本医疗保险、失业保险、工伤保险和生育保险等费用。

（2）职业发展成本

企业承担的对农民工进行职业技能培训的新增支出。

总的来说，农民工市民化成本构成可以概括为表4-1。

表4-1　农民工市民化成本的理论构成

构成维度	构成内容
私人成本	基本生活成本、住房成本、智力成本、随迁子女教育成本、社会保障成本、社会交往成本、机会成本
公共成本	基础设施建设成本、公共事务管理成本、教育和技能培训成本、住房保障成本、社会保障成本
企业成本	社会保障成本、职业发展成本

三、农民工市民化成本的特征

（一）现实根源的历史积累性

从理论上分析，任何主体的任何行为都会产生成本，但农民工市民化作为我国经济社会发展和城镇化进程中的一个特殊现象，其成本的产生既有复杂性，也有历史积累性。

农民工市民化成本的形成不是单一因素造就的，除了学理成因之外，现实根源更为复杂，更具有历史积累性特征。从目前的情况看，学界对农民工市民化的成本构成既可以从实际成本分类进行分析，也可以从分担主体来源层面进行分析。这也说明了农民工市民化成本的复杂多样，而这也可以归结为我国的国情使然。长期以来，在城乡二元结构下，我国城乡间的社会保障体系的分割发展、公共服务的不均等，以及经济社会发展的巨大差距，使得当前农民工市民化成本不断积累，各主体为了保障农民工市民化必须投入巨大的成本。从这个意义上看，我国当前的农民工市民化成本不是一朝一夕形成的，而是在长期的历史作用下积累沉淀的。

（二）投入的动态性

农民工市民化成本具有历史积累性特征，同样，农民工市民化过程也是动态递进的，对农民工市民化成本，也并不是一次性支付就可以解决的。因此，农民工市民化的成本，实质上是随着农民工市民化的进程，在各个时间轴上进行动态投入。例如，地方政府对农民工市民化的基础设施建设投入和住房保障投入等，可以事先合理估算，在进行前瞻性投入的基础上，根据具体农民工市民化的状况随时间段增量投入。农民工市民化的社会保障成本，在本质上就是根据农民工市民化的进展状况进行的动态增量支付。

（三）投入本质上的外部性

农民工市民化所需的成本，在很大程度上是公共产品或公共服务供给的费用，而公共产品或公共服务的供给行为既是社会行为，也是典型的经济行为，会产生外部性，或者是正外部效应，或者是负外部效应。农民工市民化的成本投入，就是为了保障农民工市民化，最终确保农民工享受与城镇居民相同的公共服务和社会福利，由这些而来的涉及公共产品或公共服务的公共成本，尤其具有典型的外部性特征。这种成本的投入，在本质上也是要解决外部性的问题。

（四）分担主体的多元性

无论从学理分析还是经验和现实的角度来看，农民工市民化成本都不能由单一主体承担，而是需要多元主体共同分担。从前述对农民工市民化成本构成的讨论中就可以发现，私人成本应该由农民工承担，公共成本则是政府分担，同时企业也应当分担一部分成本。从外部性的角度和成本—效益分析的层面看，农民工市民化过程对农民工个体、企业和政府均产生显著的效益，因此为了保障农民工市民化，中央政府、地方政府、企业、其他社会组织和农民工个体应当共同分担此中产生的相应成本，避免"搭便车"现象导致的主体成本投入积极性不足的问题。

（五）测算的可行性

农民工市民化成本是在各种复杂因素综合作用和历史积累下产生的，其中也包含了很多难以测算的隐性成本。目前学界对其成本构成的研究中，已经能够按承担主体或具体费用进行具体的操作。因此，在实践中也可以相应地通过对测算内容和测算方法的规范限定，直接或间接地收集数据，对其中的显性成本进行有效测算。近年来，学者对农民工市民化成本的单一维度测算和综合测算的研究成果也越来越丰富，使得农民工市民化成本测算的可行性新增了诸多现实依据。

四、本章小结

本章结合国内文献研究成果，从农民工市民化成本的概念、构成和特征三个层面进行了深入的探讨和分析，为后续研究进行必要的铺垫。

在对农民工市民化成本的界定过程中，首先明确区分了与之相关的几个概念，进而将农民工市民化概念做出理论定义和实践操作定义。理论探讨中的农民工市民化成本定义指农民工市民化过程中，相关行为主体在从事与之相关的行动中所投入的代价总和，包括农民工市民化过程中的显性成本和隐性成本、机会成本和沉没成本等；实践操作定义则特指农民工市民化过程中为使农民工完成市民身份转变并享有城镇市民待遇而需各相关主体所付出的资金总和，强调了这一成本的可测算性。

在明确界定了农民工市民化定义后，综合学界相关研究，将农民工市民化成本分为私人成本、公共成本和企业成本三个维度共 14 个方面。同时，探讨了农民工市民化成本的五个突出特征，即现实根源的历史积累性、投入的动态性、投入本质上的外部性、分担主体的多元性和测算的可行性。

需要说明的是，本课题认为科学研究既要有理论上的探讨，也要突出其作为实践指导的意义，因此本章对概念的界定采用理论和实践操作二分的形式，理论定义侧重在学理层面讨论农民工市民化成本的应有之义，实践操作定义则注重为后续测算研究提供一个可供实践的操作化基础。同时，对农民工市民化成本构成的讨论是为测算研究奠定一个基本的理论分析框架，涉及难以具体测算的隐性成本内容，这与后续测算研究中的实证分析框架略有差异。

第五章　农民工市民化成本测算研究

农民工市民化成本测算是农民工市民化问题研究中的一个关键环节，是在农民工市民化成本理论分析基础上的一种尝试，有助于了解和把握现实状况，为后续成本分担的探讨提供一定的现实依据。本章首先在前述理论分析和经验探讨的基础上构建农民工市民化成本测算的实证分析框架，进而确立可以应用的测算模型，并对测算方案进行若干设定，最终基于我国典型区域的现实情况对相关地区的农民工市民化成本进行测算分析。

一、农民工市民化成本测算模型构建

（一）相关测算方案的比较

近年来，农民工市民化成本测算的研究逐渐增多，研究者基于自己的分析视角给出不同的测算方案（表 5−1）。其中，虽然在成本测算重点和构成内容上的表述有所差异，但总的来说可以分为三类方案。一是以张国胜、张继良、马洪福、李俭国、张鹏等为代表研究的社会成本测算方案。这一方案从社会成本的视角出发对私人生活、发展成本、公共成本进行了测算，其测算框架和成本构成在表述上也大致相同。与之分类表述存在差异但类似的是单菁菁、李长生和李学坤等研究的以公共成本和私人成本二分测算的方案。二是以冯俏彬、谢建社、张华初、葛乃旭、符宁等为代表研究的公共成本测算方案。这类方案仅侧重公共服务支出内容，对农民工市民化成本进行了测算。三是以杜海峰、顾东东、姚明明等为代表研究的从分担主体视角进行成本测算的框架和构成操作的方案。这类方案主要将农民工市民化成本区分为个人、企业和公共成本三类并进行相应指标设计和测算。与之类似的是魏澄荣和陈宇海的综合成本测算方案。此外，还有少数测算方案如孙正林和佐赫（2016）的最大成本和最小成本分类测算，其认为农民工市民化的最小成本就是保障农民工市民化的基本公共服务成本，最大成本则包括社会保障成本、城市生活成本、住房成本和基础设施建设四类成本构成。

表 5－1　农民工市民化成本测算方案

研究者	测算框架	成本构成	测算层次
张国胜（2008）	社会成本	私人生活成本、智力成本、社会保障成本、安居成本、公共发展成本	个体
魏澄荣、陈宇海（2013）	综合成本	社会保障成本、教育培训成本、安居成本、私人增加的生活成本、城市基础设施增加的成本	个体
冯俏彬（2014）	公共成本（财政支出）	随迁子女教育支出、社会保障支出、保障性住房支出、就业服务支出（上述支出主体仅涉及政府而不包含企业和个人）	总体
丁萌萌、徐滇庆（2014）	公共服务成本	随迁子女教育成本、合作医疗保障成本、基本养老保险成本、其他社会保障成本、城市管理成本、保障性住房成本	个体、总体
谢建社、张华初（2015）	公共服务成本	义务教育成本、就业扶持成本、社会保障成本、公共卫生成本、住房保障成本	个体、总体
杜海峰、顾东东等（2015）	公共成本、企业成本、私人成本	基础设施建设成本、公共管理成本、教育成本、住房保障成本、社会保障和促进就业成本（政府承担），社会保障成本、技能培训成本、工资歧视成本（企业承担），生活成本、智力成本、社会保障成本、住房成本、放弃土地机会成本、社会交往成本、子女教育成本、失业风险成本（个人承担）	个体
单菁菁（2015）	公共成本、个人成本	城镇建设维护成本、公共服务管理成本、社会保障成本、随迁子女义务教育成本、保障性住房成本，生活成本、住房成本、自我保障成本	个体
张继良、马洪福（2015）	社会成本	社会保障成本、生活成本、子女义务教育成本、住房成本	个体、总体
李长生、李学坤（2015）	私人成本、公共成本	城市生活成本、城市住房成本、机会成本，城市基础设施成本、社会保障成本	个体

续表5-1

研究者	测算框架	成本构成	测算层次
李俭国、张鹏（2015）	社会成本	城市生活成本、教育成本、城市居住成本、社会保障成本、城市基础设施成本	个体
姚明明（2015）	私人发展成本、社会发展成本（公共服务成本、企业成本）	生活成本、住房成本、社会保障成本、子女教育成本、土地机会成本，城市管理成本、基础设施建设成本、教育成本、住房保障成本、社会保障与就业成本，就业培训成本、社会保障成本	个体、总体
葛乃旭、符宁（2017）	公共服务成本	随迁子女教育成本、基本社会保障成本、其他社会保障成本、公共卫生成本、住房保障成本、城市管理成本	个体、总体

进一步深入分析发现，上述各类农民工市民化成本测算方案除了在测算框架和成本构成层面有所差异外，其首先在具体测算思路上存在一定的差异，大部分研究者采用的方法是分类加总测算的思路，而杜海峰和顾东东等（2015）是综合分类加总并“平行结转分步法”构建分类账户后进行测算。其次，在测算模型构建层面，大部分的研究者在其方案的假设条件中不涉及时间跨度，张继良和马洪福等人则对农民工年龄条件进行了时间假设，但此类假设是否适用于农民工市民化没有做进一步论证。杜海峰和顾东东更进一步在模型中直接设定了时间跨度变量，但其测算结果也仅是针对一个单一的时间点。最后，即使是针对同一个测算指标，不同方案下的具体测算方法也不尽相同，如对城镇基础设施建设费用的测算，有的研究者直接以建设总费用除以城镇人口数得到人均成本，有些研究者则考虑到城镇基础设施建设人均费用的边际成本递减因素进行测算。

（二）测算的实证分析框架

综合农民工市民化成本测算方案以及本课题前述的理论分析框架，本着可测性、综合性的原则，我们确立了农民工市民化成本测算的实证分析框架，如图 5-1 所示。

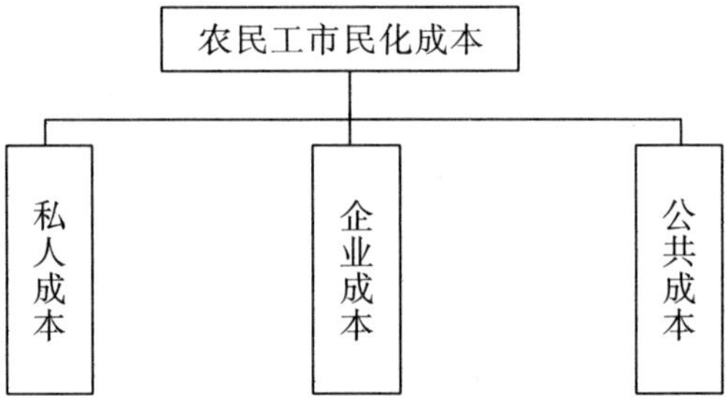

图 5-1 农民工市民化成本测算实证分析框架

（三）测算指标体系与模型构建

1. 构建原则

在农民工市民化成本测算的实证分析框架确立的基础上，本课题进一步对各维度下的构成指标进行操作。在操作过程中，应遵循以下几点原则：

一是指标的可测度性原则。选取的指标必须具备可测度性即容易量化。测算指标的构建过程，实际上也是农民工市民化成本测算内容定量化的一个过程。对于一些难以量化的成本构成内容，本课题在测算中并不去相应选取指标，如农民工市民化的个人隐性成本，由于无法精确估计其为选择市民化而放弃的最大收益，在测算过程中不会去操作相应指标；又如为保障农民工市民化而带来的城市环境治理成本，也不会去单独测算。

二是综合性原则，即要在可测性基础上尽最大可能去发展和操作出应有的测算构成指标，而不应忽略本可以量化的指标构成内容。如对公共成本的测算，应尽可能地考虑到公共财政支出包含的内容，并在其基础上操作相应的测算指标。

三是独立性原则，即指标选取必须要实现指标的独立性。换句话说，就是消除指标的重叠性。如社会保障成本的测算指标，实际包含了政府分担的公共成本部分，也包含了农民工个体分担的私人成本部分，同时也涉及企业分担的相应社会保障成本，如果在这一方面不进行分类操作，则必然会造成重复计算的错误，从而影响测算结果。

2. 测算指标体系构成及模型构建

在将农民工市民化成本测算的实证分析框架操作为私人成本、企业成本和公共成本三个维度的基础上，基于可测度性、综合性和独立性原则，研究进一步在三个基本维度下发展测算指标，最终构建出农民工市民化成本测算指标体系，如表5−2。

表5−2 农民工市民化成本测算的指标体系构成及指标简要说明

维度	构成指标	指标说明①
私人成本（C_p）	生活成本（C_{p1}）	个人需支付的生活消费支出差额
	住房成本（C_{p2}）	个人需支付的住房支出差额
	社会保障成本（C_{p3}）	个人需支付的城镇与农村社会保障费用差额
	智力成本（C_{p4}）	个人需支付的教育费用差额
企业成本②（C_e）	就业培训成本（C_{e1}）	企业需支付的员工培训费用
	社会保障成本（C_{e2}）	企业需支付的员工社会保障费用
公共成本③（C_g）	基础设施建设成本（C_{g1}）	政府需支付的每增加一名城镇居民所增加的基础设施建设费用
	随迁子女教育成本（C_{g2}）	政府需支付的每增加一名城镇居民所需的其平均抚养子女数的城镇义务教育增加费用
	社会保障与就业成本（C_{g3}）	政府需支付的每增加一名城镇居民所需的增加的社会保障与就业费用
	住房保障成本（C_{g4}）	政府需支付的每增加一名城镇居民所需的保障住房建设增加费用
	管理成本（C_{g5}）	政府需支付的每增加一名城镇居民所需的一般公共服务等增加费用

①此处指标说明仅为简要说明，具体说明可详见测算部分的指标计算方案。

②、③企业成本和公共成本为边际成本，即每保障一个农民工向市民转变所需增加的费用，也可视为每增加一名城镇居民（对企业而言是每增加一名城镇居民身份的员工）所需增加的企业和政府应分担的费用。

最终，本课题按照农民工市民化成本测算的指标体系构成内容建立了成本测算模型：

农民工市民化人均成本 $C=C_p+C_e+C_g=(C_{p1}+C_{p2}+C_{p3}+C_{p4})+(C_{e1}+C_{e2})+(C_{g1}+C_{g2}+C_{g3}+C_{g4}+C_{g5})$

二、农民工市民化成本的具体测算

（一）测算的假设和说明

在根据构建的农民工市民化成本测算指标体系和模型进行具体测算之前，必须要对一些条件进行具体设定和说明：

第一，基于样本典型性、丰富性和可测得性的综合权衡，本次测算主要选择北京、上海和广州三个一线特大城市，广东、江苏和浙江三个东部发达省份，河南、湖北、安徽和江西四个中部省份，陕西、四川、重庆、广西和贵州五个西部省（区、市）。其中三个东部省份均为农民工流入大省，9 个中西部省（区、市）均为农民工流出大省。

第二，测算是从个体层面进行，即设定为新增一个农民工转化为市民情况下的当期费用成本，具体指标数据来源于相关省（区、市）统计局公布的 2017 年统计年鉴（2016 年数据）和相关省（区、市）2016 年国民经济和社会发展统计公报，对于某些不可收集到的指标数据，相应采用较当前最近年份公布的指标数据。同时所有数据均采用当年货币价格保持不变。

第三，测算的成本内含是显性成本，即可以直接用货币价格去衡量的那些支出费用。因此，所有涉及的机会成本，即使可以通过某种途径量化，也并不包含在此次成本测算内容中。

第四，对北京、上海两市的农民工成本测算，均假定为农民工跨省（区、市）流动，其他省（区、市）的农民工成本测算假定为农民工省（区、市）内流动和跨省（区、市）流动两种方案，在两种方案中涉及的指标数据差异均会在后续单项指标测算时做具体说明。

综上，对未涉及上述设定和说明的指标测算思路和方法，会在后续分类测算中进行一一的详细说明。

此外，需要具体说明的是，一是在成本测算方法上，本次测算侧重的是新增费用，如果不区分尚需支付的成本和已经发生的成本，无疑会人为地扩大农民工市民化成本的测算额度。二是本次测算的成本为当期成本，即在测算上是静态的。因为只有当期成本才是在当前农民工市民化客观情况下结合既定价格因素测算出的真实成本，动态的增量成本则要考虑随时间变化的农民工市民化状况以及价格因素等，容易造成测算的不确定性。三是针对目前国内有些研究设置时间序列来进行动态测算，如假定农民工年龄去测算社会保障持续支出的累计成本或假定农民工随时间投入的累计生活费用等具体操作，或者有些研究直接以逐年累积的方法去测算农民工市民化成本。在此，本课题认为，即使是动态测算，也应该专指在合理预测农民工市民化未来规模的情况下进行，即需要测算新增一个农民工转换为市民的边际成本，而非后续针对已经转变为市民的农民工进行持续动态投入。因为这已经不属于农民工市民化成本的范畴，不应考虑到成本测算中。

（二）分类测算及其标准

1. 私人成本（C_p）

生活成本（C_{p1}）：生活成本是农民工向市民转变过程中自身必须承担的用于生活方面的消费支出。需要说明的是，国内目前诸多测算方案在具体测算中均是以城镇居民生活消费支出与农村居民生活消费支出计算差额测得生活成本。而本课题认为，农民工实际上已经生活在城镇或大部分时间在城镇务工，因此其生活消费支出不能按照农村居民标准。

具体测算中，首先假设农民工当前生活消费支出为城镇低收入户人均生活消费支出，然后计算扣除住房支出和教育支出[①]后各地城镇居民人均生活消费支出与各地城镇低收入户扣除住房支出和教育支出后的人均生活消费支出的差额。具体测算见表 5-3。

表 5-3　农民工市民化人均私人生活成本测算　　（单位：元）

	城镇居民人均消费支出	城镇居民人均住房支出	城镇居民人均教育支出	城镇低收入户人均消费支出	城镇低收入户人均住房支出	城镇低收入户人均教育支出	私人生活成本（C_{p1}）
北京	38256	12128	4055	20476	5548	2378	9523
上海	39857	13216	4534	17071	4171	1123	10330
广州	38398	8535	5044	23835	5133	2901	9018
广东	28613	6410	3103	14942	3225	1616	8999
江苏	26433	6141	3164	14428	3258	1352	7310

① 住房支出纳入住房成本测算，教育支出纳入智力成本测算。

续表5-3

	城镇居民人均消费支出	城镇居民人均住房支出	城镇居民人均教育支出	城镇低收入户人均消费支出	城镇低收入户人均住房支出	城镇低收入户人均教育支出	私人生活成本（C_{p1}）
浙江	30068	7385	3452	17359	3882	1611	7365
河南	18088	3753	2079	8587	1768	949	6386
湖北	20040	4177	2228	10938	2408	1157	6262
安徽	19606	3931	2233	10287	2248	949	6352
江西	17696	3916	1964	9128	2320	922	5930
陕西	19369	3682	2474	8568	2027	1103	7775
四川	20660	3757	2008	11478	2328	1006	6751
重庆	21031	3801	2232	9954	1660	1073	7777
广西	17269	3784	2003	8351	1904	1001	6036
贵州	19202	3793	2494	7533	1747	1063	8192

数据来源：2017 年中国统计年鉴，北京等 15 省（区、市）2017 年统计年鉴。

住房成本（C_{p2}）：类似于生活成本测算思路，考虑到农民工当前在城镇发生的住房费用较少，那么可以假定其为 0；而大部分农民工转变为市民后短时期内均无法支付较多的住房支出，那么假定其转变为市民后人均住房消费支出等同于城镇家庭低收入户人均住房消费支出费用。因此，此处住房成本即可等同于当前各地城镇居民低收入户住房消费支出（见表 5-4）。

表 5-4 农民工市民化人均私人住房成本测算 （单位：元）

	城镇低收入户人均住房支出	私人住房成本（C_{p2}）
北京	5548	5548
上海	4171	4171
广州	5133	5133
广东	3225	3225
江苏	3258	3258
浙江	3882	3882
河南	1768	1768
湖北	2408	2408

续表5-4

	城镇低收入户人均住房支出	私人住房成本（C_{p2}）
安徽	2248	2248
江西	2320	2320
陕西	2027	2027
四川	2328	2328
重庆	1660	1660
广西	1904	1904
贵州	1747	1747

数据来源：2017 年中国统计年鉴，北京等 15 省（区、市）2017 年统计年鉴。

社会保障成本（C_{p3}）：农民工虽然生活在城镇，但并未享受城镇居民社会保障，因此，此处社会保障成本是指农民工转变为市民必须由个人承担的各类城镇社会保障支出费用与其在农村缴纳的社会保障费用的差额。

由于各项社会保障缴费基数存在差异，本课题统一以 2016 年各地城镇职工医疗保险缴费基数为标准和各地个人缴纳比例测算农民工需缴纳的在城市所需的各类社会保障费用，再扣除农民工新农合缴纳费用（统一为 120 元/年），测算得出各地农民工私人社会保障成本（见表 5-5）。

表 5-5 农民工市民化人均私人社会保障成本测算

	缴费基数/月（元）	个人缴费比例	个人缴纳费用/月（元）	新农合缴纳费用/年（元）	私人社会保障成本（C_{p3}）（元）
北京	4252	0.102	434	120	5084
上海	3563	0.105	374	120	4369
广州	3712	0.105	390	120	4557
广东	2408	0.105	253	120	2914
江苏	2550	0.105	268	120	3093
浙江	2586	0.105	272	120	3138
河南	2448	0.105	257	120	2964
湖北	2415	0.105	254	120	2923
安徽	2626	0.105	276	120	3189

续表5—5

	缴费基数/月（元）	个人缴费比例	个人缴纳费用/月（元）	新农合缴纳费用/年（元）	私人社会保障成本（C_{p3}）（元）
江西	2546	0.105	267	120	3088
陕西	2845	0.105	299	120	3465
四川	2017	0.105	212	120	2421
重庆	2843	0.110	313	120	3633
广西	1833	0.105	192	120	2190
贵州	1822	0.102	186	120	2110

注：缴费基数和个人缴费比例数据来源于各地2016年城镇职工社保缴费基数，社保网，http：//shebao.southmoney.com。

智力成本（C_{p4}）：智力成本指农民工用于提升自己或家人（如随迁子女）的文化水平和就业技能而投入的费用。依然按照生活成本测算思路，具体测算中将农民工已发生在城镇的智力成本视为城镇低收入户人均教育支出，然后计算各地2016年城镇居民人均教育支出与城镇低收入户人均教育支出的差额（见表5—6）。

表5—6　农民工市民化人均私人智力成本测算　（单位：元）

	城镇居民人均教育支出	城镇低收入户人均教育支出	私人智力成本（C_{p4}）
北京	4055	2378	1677
上海	4534	1123	3411
广州	5044	2901	2143
广东	3103	1616	1487
江苏	3164	1352	1812
浙江	3452	1611	1841
河南	2079	949	1130
湖北	2228	1157	1071
安徽	2233	949	1284
江西	1964	922	1042
陕西	2474	1103	1371

续表5－6

	城镇居民人均教育支出	城镇低收入户人均教育支出	私人智力成本（C_{p4}）
四川	2008	1006	1002
重庆	2232	1073	1159
广西	2003	1001	1002
贵州	2494	1063	1431

数据来源：2017 年中国统计年鉴，北京等 15 省（区、市）2017 年统计年鉴。

2. 企业成本（C_e）

就业培训成本（C_{e1}）：此处就业培训成本是指企业承担的在农民工转变为市民过程中用于农民工雇员的培训费用，或者说是按城镇职工标准对员工进行培训的人均成本。

《企业职工培训规定》要求企业对职工进行涉及思想政治、职业道德和职业技能的各项培训；《企业所得税法实施条例》规定企业用于员工培训的经费支出不超过员工工资 2.5%的部分，准予扣除。按上述规定，本次测算设定企业承担的就业培训人均成本为北京、上海、广州三市 2016 年城镇职工最低工资标准和其他各省（区、市）2016 年城镇职工最低工资标准中档值的 2.5%比例。此外，考虑到技能培训在超出临界点前会有规模效应，其边际成本也会出现递减，因此，设定静态阈值为 0.75。最终按照人均就业培训成本（C_{e1}）$=X_{最低工资}\times 12\times 0.025\times 0.75$ 实际测算出各省（区、市）企业人均就业培训成本（见表 5－7）。

表 5－7　农民工市民化人均企业就业培训成本测算　　（单位：元）

	2016 城镇职工最低工资标准/月	年人均企业就业培训成本（C_{e1}）
北京	1720	387
上海	2020	455
广州	1895	426
广东	1510	340
江苏	1600	360
浙江	1660	374
河南	1450	326
湖北	1320	297

续表5－7

	2016 城镇职工最低工资标准/月	年人均企业就业培训成本（C_{e1}）
安徽	1350	304
江西	1430	322
陕西	1370	308
四川	1380	311
重庆	1500	338
广西	1400	315
贵州	1600	360

注：城镇职工最低工资标准数据来源于全国各省市 2016 年最低工资标准一览表，社保网，http://shebao.southmoney.com。

社会保障成本（C_{e2}）：此处社会保障成本指的是企业按照城镇职工标准为农民工缴纳的社会保障费用。

本课题统一以 2016 年各地城镇职工医疗保险缴费基数为标准和各地企业缴纳比例测算企业需缴纳的农民工市民化年人均各类社会保障费用，测算结果见表 5－8。

表 5－8　农民工市民化人均企业社会保障成本测算

	缴费基数/月（元）	企业缴费比例	企业缴纳费用/月（元）	年人均企业社会保障成本（C_{e2}）（元）
北京	4252	0.326	1386	16632
上海	3563	0.366	1304	15648
广州	3712	0.246	913	10956
广东	2408	0.246	592	7104
江苏	2550	0.323	824	9888
浙江	2586	0.284	734	8808
河南	2448	0.246	602	7224
湖北	2415	0.286	691	8292
安徽	2626	0.267	701	8412
江西	2546	0.272	693	8316

续表5-8

	缴费基数/月（元）	企业缴费比例	企业缴纳费用/月（元）	年人均企业社会保障成本（C_{e2}）（元）
陕西	2845	0.285	811	9732
四川	2017	0.297	599	7188
重庆	2843	0.315	896	10752
广西	1833	0.319	585	7020
贵州	1822	0.289	527	6324

注：缴费基数和个人缴费比例数据来源于各地 2016 年城镇职工社保缴费基数，社保网，http：//shebao. southmoney. com。

3. 公共成本（C_g）

基础设施建设成本（C_{g1}）：是指政府公共财政对每增加一个城镇居民（农民工转变为市民）所需支出的城镇基础公共设施建设费用。

从一定意义上讲，基础设施建设成本属于人口城镇化成本范畴，即新增一个城镇常住人口所增加的边际基础设施建设成本，或者说，该成本自农民工进城之初甚至是进城前就已经产生，并不会因农民工转变为市民而发生变动。因此本课题认为，农民工市民化的基础设施建设成本 $C_{g1}=0$。

随迁子女义务教育成本（C_{g2}）：指新增一个农民工转变为市民所需的政府公共财政投入对其子女实施义务教育的费用。

首先，根据 2017 年中国教育经费统计年鉴数据，得出 2016 年各地城镇与农村义务教育生均支出额（见表 5-9）。假定按照 2010 年第六次全国人口普查的总和生育率 1.18 为标准，即可认为每增加一个农民工家庭落户城镇需要城镇财政对其支出 1.18 个孩子的义务教育费用差额。

其次，我国资源分配具有条块分割特征和财政转移支付的区域限定，在农民工是本省流动和省外流动的情况下，假设省内流动农民工随迁子女在农村的义务教育财政支出预算可以通过省级政府统筹协调，则随迁子女教育成本（C_{g2}）可以由各地城镇义务教育生均支出额和农村义务教育公共财政预算支出额差额测算得出；对于省外流动的农民工，假定政府投入的其子女在农村的义务教育预算支出属于沉没成本，则随迁子女教育成本（C_{g2}）直接等同于各地城镇义务教育生均支出经费。

表 5-9　农民工市民化随迁子女义务教育人均公共成本测算　（单位：元）

	小学义务教育生均支出		初中义务教育生均支出		随迁子女义务教育人均公共成本（C_{g2}）（省内流动）	随迁子女义务教育人均公共成本（C_{g2}）（跨省流动）
	农村	城镇	农村	城镇		
北京	31324	38120	60077	67770	—	124950
上海	20773	31756	28155	44418	—	89885
广州	9276	12365	12079	16835	9257	34456
广东	9276	12365	12079	16835	9257	34456
江苏	11774	14330	20549	24705	7920	46061
浙江	13286	15585	18871	22814	7366	45311
河南	5047	6492	7684	10472	4995	20018
湖北	9938	10630	16961	18252	2340	34081
安徽	8856	10445	13132	15200	4315	30261
江西	8261	8793	10625	11689	1883	24169
陕西	12357	12125	14799	15406	443	32487
四川	9387	10711	12339	14497	4109	29745
重庆	9460	13457	12386	17096	10274	36053
广西	7815	8796	9177	10946	3245	23296
贵州	9858	10557	10064	11348	2340	25848

数据来源：2017 年中国教育经费统计年鉴。

注：广州市数据缺失，用广东省省级数据替代。

社会保障与就业成本（C_{g3}）：此处指的是政府财政对新增一个农民工转变为市民的社会保障与就业所需支出的城乡费用差额。表 5-10 显示各地 2016 年城乡社会保障与就业财政总支出额，相应扣除各地农村最低生活保障支出资金和新农合支出资金（由于农村其他社会保障与就业财政支出费用相对较少，此处设定农村社会保障与就业财政支出仅包含农村最低生活保障和新农合费用，其他农村社会保障费用忽略不计）后测算得出各地 2016 年城镇社会保障与就业财政支出费用。结合当期各地城镇户籍人口总数即可测算得出各地农民工市民化人均社会保障与就业成本（C_{g3}）。

表5-10　农民工市民化社会保障与就业人均公共成本测算

	城乡社会保障与就业财政支出（亿元）	农村最低生活保障财政支出（亿元）	新农合费用财政支出（亿元）	城镇最低生活保障财政支出（亿元）	社会保障与就业人均公共成本（C_{g3}）（元）
北京	716.2	5.1	8.86	8.78	6126
上海	988.81	2.4	15.34	6.27	7508
广州	206.45	2.72	2.22	6.69	2807
广东	1146.31	152.3	27.6	154.91	1595
江苏	897.93	65.3	—	110.36	1483
浙江	631.19	56.2	8.5	121.95	2612
河南	1067.4	57.46	28.38	304.42	2439
湖北	978.82	53.6	38.5	147.21	3239
安徽	761.59	46.2	29.1	198.85	2717
江西	582.23	40.1	33.6	114.12	3236
陕西	655.48	39.3	29.8	88.26	3044
四川	1320.17	70.6	48.5	234.99	3271
重庆	640.55	21.2	19.2	72.63	3563
广西	538.95	48.8	8.1	152.18	2095
贵州	367.23	96.5	21.5	114.04	931

数据来源：2017年中国统计年鉴，北京等15省（区、市）2017年统计年鉴，北京等15省（区、市）2016年国民经济和社会发展统计公报。

住房保障成本（C_{g4}）：此处指政府为了满足新增一个农民工转变为市民后其住房需求的财政支出费用。

我国目前住房保障尚未涵盖农村居民，因此这一成本可以视为城镇居民人均住房保障的财政支出。由于各地住房保障对象[①]占城镇居民比例在5%～15%，且诸多省（区、市）具体住房保障人数数据无法收集，研究假设以收入五等分划分，假定各地城镇20%低收入户居民享受住房保障，则各地住房保障人均公共成本可以通过住房保障财政支出和户籍人口规模测算得出（见表5-11）。

① 购买经济适用房，租住廉租房、公租房的城镇居民。

表 5-11　农民工市民化住房保障人均公共成本测算

	住房保障财政支出（亿元）	住房保障人均公共成本（C_{g4}）（元）
北京	322.09	14227
上海	230.67	8976
广州	93.80	6758
广东	662.85	6513
江苏	269.43	2765
浙江	160.86	4727
河南	268.58	4836
湖北	240.64	5270
安徽	229.29	6390
江西	171.65	7041
陕西	215.98	6600
四川	312.28	5287
重庆	108.20	3654
广西	185.55	5893
贵州	291.73	10046

数据来源：2017年中国统计年鉴，北京等15省（区、市）2017年统计年鉴。

管理成本（C_{g5}）：指新增一个农民工转变为市民所需的城镇新增社会服务和管理费用，由于城乡间的管理成本差距仅体现在一般公共服务层面，本次测算并不包含国防支出、公共安全支出等，同时为避免重复计算也相应剔除教育支出、社会保障支出和卫生医疗支出项目。

参考李平等（2016）的研究，本次测算采用城乡公共服务财政预算支出的1.8∶1的比例计算得到各地一般公共服务预算支出。考虑到前期农村管理成本也属于沉没成本，不会因农民工转变为市民而减少，因此，最终根据当年城镇一般公共服务财政预算支出和城镇户籍人口规模测算得出各地人均管理成本（见表5-12）。

表 5-12 农民工市民化人均管理成本测算

	城镇一般公共服务财政预算支出（亿元）	人均管理成本（C_{g4}）（元）
北京	235.96	2084
上海	194.12	1511
广州	112.50	1621
广东	737.27	1449
江苏	591.78	1215
浙江	424.27	2493
河南	482.54	1738
湖北	411.00	1800
安徽	259.66	1447
江西	267.70	2196
陕西	234.45	1433
四川	438.75	1486
重庆	183.48	1239
广西	289.67	1840
贵州	286.66	1974

数据来源：2017 年中国统计年鉴，北京等 15 省（区、市）2017 年统计年鉴。

（三）测算结果分析

表 5-13 测算结果显示，不同省（区、市）间、不同区域范围内和不同假设方案下，各地农民工市民化成本呈现出显著的差异。

表 5-13 各省（区、市）农民工市民化人均成本测算结果 （单位：万元）

	私人成本（C_p）	企业成本（C_e）	公共成本（C_g）		总成本（C）	
			省内流动	跨省流动	省内流动	跨省流动
北京	2.18	1.70	—	14.74	—	18.62
上海	2.23	1.61	—	10.79	—	14.63
广州	2.09	1.14	2.04	4.56	5.27	7.79

续表5—13

	私人成本（C_p）	企业成本（C_e）	公共成本（C_g）		总成本（C）	
			省内流动	跨省流动	省内流动	跨省流动
广东	1.66	0.74	1.88	4.40	4.29	6.81
江苏	1.55	1.02	1.34	5.15	3.91	7.72
浙江	1.62	0.92	1.72	5.51	4.26	8.06
河南	1.22	0.76	1.40	2.90	3.38	4.88
湖北	1.27	0.86	1.26	4.44	3.39	6.56
安徽	1.31	0.87	1.49	4.08	3.67	6.26
江西	1.24	0.86	1.44	3.66	3.54	5.77
陕西	1.46	1.00	1.15	4.36	3.62	6.82
四川	1.25	0.75	1.42	3.98	3.42	5.98
重庆	1.42	1.11	1.87	4.45	4.40	6.98
广西	1.11	0.73	1.31	3.31	3.15	5.16
贵州	1.35	0.67	1.53	3.88	3.55	5.90

1. 农民工市民化成本区域差异显著

从总体情况看，国内一线城市的农民工市民化成本远高于其他区域水平，东部地区农民工市民化成本高于中西部地区。

在假设农民工全部为跨省流动的情况下，北京的农民工市民化人均成本最高，约为18.62万元；其次是上海，约为14.63万元；河南省的农民工市民化人均总成本在此次测算的15个省（区、市）中最低，不足人均5万元。广州市及广东、江苏和浙江四个东部省市区域的农民工市民化人均成本均在6.8至8万元区间；中西部省市中，重庆的农民工市民化人均总成本最高，约为6.98万元，接近东部相关省份水平，其他省份除河南之外，农民工市民化人均总成本均在5至7万元之间。北京、上海和广州三个一线城市农民工市民化人均总成本平均约13.68万元，远高于东、中、西部地区；以广东、江苏和浙江为代表的东部地区的农民工市民化人均总成本平均约7.53万元；中西部地区则相对较低，西部五省（区、市）平均为6.17万元，中部四省均值则相对最低，不足人均5.9万元（如图5—2所示）。

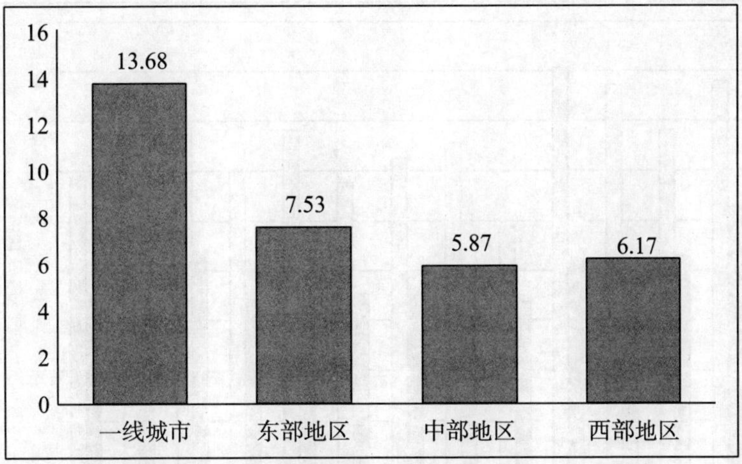

图 5-2　不同区域农民工市民化成本（单位：万元）

2. 跨省流动方案下各地农民工市民化成本大幅增加

综合前述分类测算结果，如图 5-3 所示，在农民工省内流动和跨省流动的两种假设方案下，广州等 13 省（区、市）[①] 的农民工市民化人均成本差异显著。进一步结合表 5-14 分析，江苏、浙江、湖北和陕西四省在两种方案下的差值均超过 3 万元，其省外流动假设方案较省内流动假设方案的成本增幅分别约为 97.44％、89.20％、93.51％和 88.40％；河南则差值最小，约为 1.5 万元，但跨省流动对比省内流动成本的增幅也超过 44％；其他省（区、市）的农民工市民化人均成本在跨省流动假设方案下均高出省内流动假设方案，超过 2 万元，增幅在 47％～75％。可见，相较于农民工省内流动假设方案，在农民工跨省流动假设方案下各地农民工市民化成本相对更高。

① 北京和上海默认假设农民工为跨省（区、市）流动。

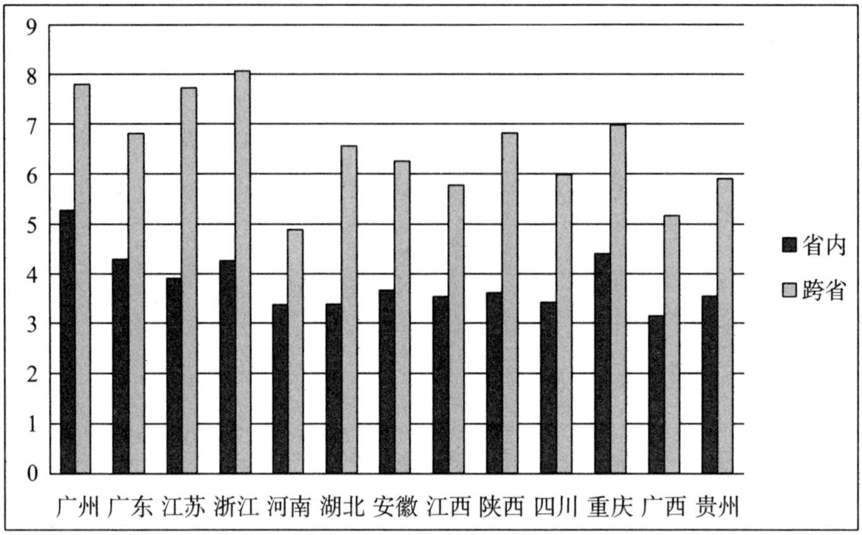

图 5-3　不同假设方案下各省（区、市）农民工市民化成本

表 5-14　不同假设方案下各省（区、市）农民工市民化人均成本及其差异

	省内流动（万元）	跨省流动（万元）	差值（万元）	省外较省内流动成本增幅（%）
广州	5.27	7.79	2.52	47.82
广东	4.29	6.81	2.52	58.74
江苏	3.91	7.72	3.81	97.44
浙江	4.26	8.06	3.80	89.20
河南	3.38	4.88	1.50	44.38
湖北	3.39	6.56	3.17	93.51
安徽	3.67	6.26	2.59	70.57
江西	3.54	5.77	2.23	62.99
陕西	3.62	6.82	3.20	88.40
四川	3.42	5.98	2.56	74.85
重庆	4.40	6.98	2.58	58.64
广西	3.15	5.16	2.01	63.81
贵州	3.55	5.90	2.35	66.20

3. 公共成本是跨省流动下的农民工市民化主要成本

省内流动方案下的私人成本所占总成本比例较高，但跨省流动方案下的公共成本则是农民工市民化成本的主要构成。这一情况相对更符合国内农民工市民化成本实际。

结合表 5－15 和图 5－4 分析，在省内流动假设方案下，各地农民工市民化成本主要占比是公共成本和私人成本，其中江苏、湖北和陕西三省以及广州市的农民工市民化成本中，私人成本占比最高，其中陕西省的私人成本占比超过 40％，高出公共成本所占比例约 8.5 个百分点（如图 5－5 所示）。其他省（区、市）的农民工市民化成本构成中，私人成本占比虽不及公共成本所占比例，但总体非常接近，其中浙江省的私人成本占总成本比例仅比公共成本占比低 2.5 个百分点（如图 5－6 所示）。

表 5－15　省内流动假设方案下各省（区、市）农民工市民化各类成本比例（％）

	私人成本	企业成本	公共成本
广州	39.66	21.63	38.71
广东	38.69	17.25	43.82
江苏	39.64	26.09	34.27
浙江	38.03	21.60	40.38
河南	36.09	22.49	41.42
湖北	37.46	25.37	37.17
安徽	35.69	23.71	40.60
江西	35.03	24.29	40.68
陕西	40.33	27.62	31.77
四川	36.55	21.93	41.52
重庆	32.27	25.23	42.50
广西	35.24	23.17	41.59
贵州	38.03	18.87	43.10

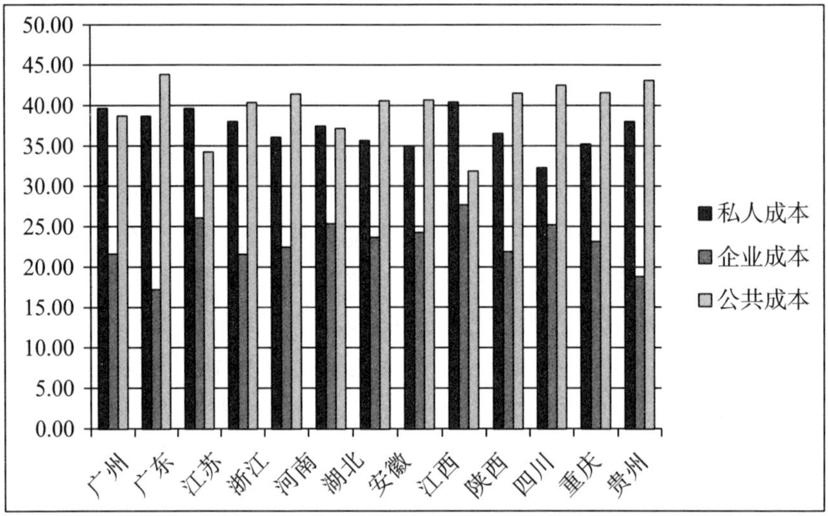

图 5—4　省内流动假设方案下各省（区、市）农民工市民化各类成本比例

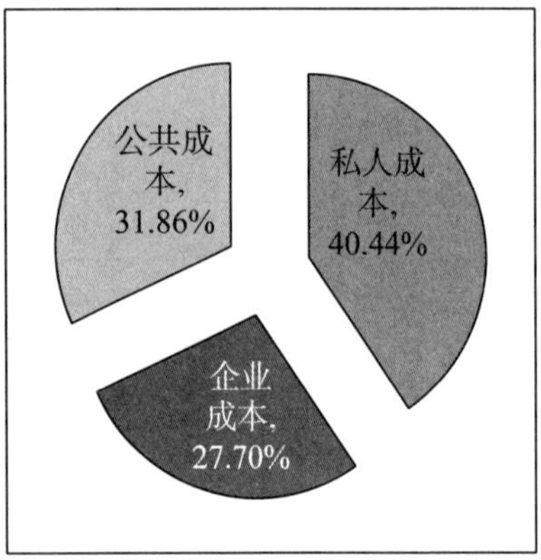

图 5—5　陕西各类成本比例

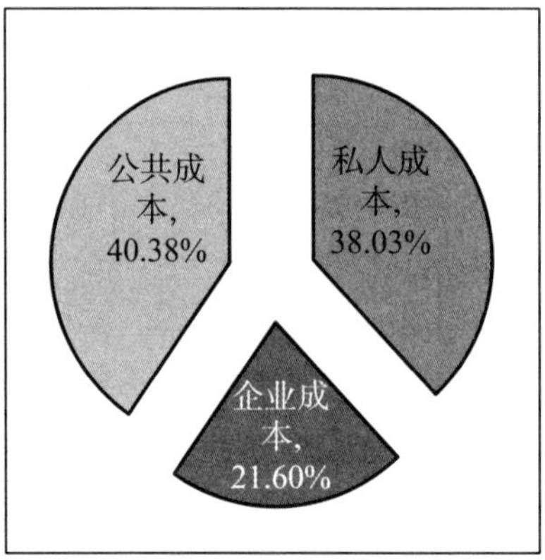

图 5—6　浙江各类成本比例

在跨省流动假设方案下，公共成本所占比例则相对大幅上升，成为各地农民工市民化成本的最主要构成（如图 5—7 所示）。其中，北京和上海两地的农民工市民化公共成本占比显著超过 70%，其他各地的农民工市民化公共成本所占总成本比重也大部分超过六成，占比相对最低的广州和河南两地，其公共成本所占总成本比重也接近 60%。

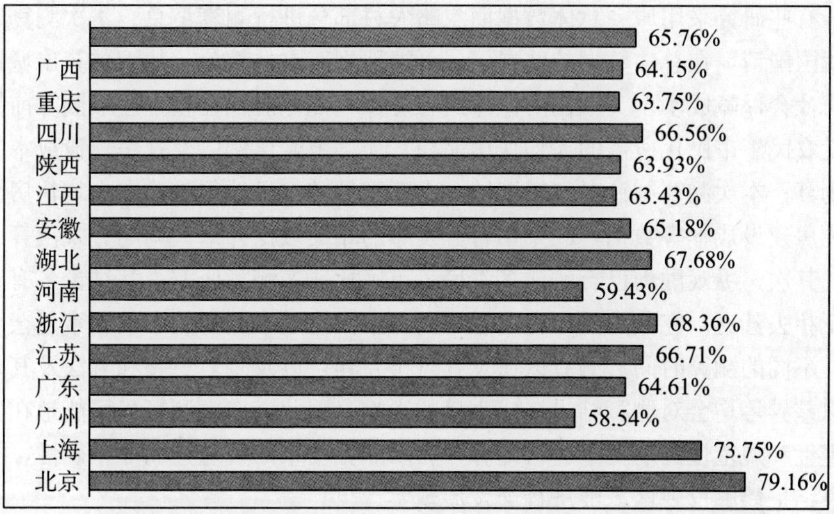

图 5-7　跨省流动假设方案下各省（区、市）农民工市民化公共成本占比

从成本测算的结果来看，此次测得的四川农民工市民化人均成本在量上与一些研究对中等城市农民工市民化成本测算结果相当，显著低于国内发达城市和东部地区省份的成本测算结果；但从成本比例的分析结果看，基本与国内其他测算研究结果达成一致，即公共成本是农民工市民化成本中重要的且是最大份额的构成。

三、研究结论

本次农民工市民化成本的测算研究主要是在理论分析基础上的一次实证尝试，对于完善本课题的逻辑结构以及在丰富研究内容和深度层面做出了有益的贡献，同时也为后续相关研究提供一定的经验参考。当然，从实证的角度而言，每一次具体的观察都可能会得出不同的结论，呈现出一定的差异。因此，需要对本次测算实证做出一个总结性的讨论与补充说明。

首先，在测算方法上，本次测算参考了目前国内较为主流的三种测算方案的具体测算方法，结合实际区域数据可获得性等因素，灵活应用并大胆地提出了一些新的思路，也做了一些尝试。如对公共成本中社会保障与就业成本的测算，一些研究利用市级数据尤其是北京、上海、广州等中心城市的丰富数据，对城市就业培训、公共医疗卫生和计生服务等分类测算汇总，得到具体的成本；有些研究采用城乡总体数据而忽略农村部分进行测算汇总。本次测算则根据我国国情，在总体数据的前提下尽可能地剥离农村部分，从而估算出城镇就业与社会保障成本。又如住房保障内容测算，部分研究在较小区域测算前提下假设农民工市民化所需的人均住房面积、人群覆盖比例以及住房建设成本来综合测算；本次测算则针对省级区域，由于区域的差异性很难确定人均住房面积和住房建设成本等数据，故采用官方发布的相关数据并以人均的方式测算。

其次，纵观国内已有的诸多农民工市民化成本测算研究，其结论各有差异甚至相去甚远，究其原因，主要是农民工市民化成本测算的影响因素复杂而多样，不同的测算时间、测算区域及其价格差异，以及测算思路和方法及其数据选取差异等均会对测算结果造成直接的影响。因此，本次测算尽可能地在保证严谨性和规范性的前提下进行测算，力求测算结果的合理性而非精确性，期望测算结果能够反映区域经济社会发展现实。

再次，本次测算尽可能地在农民工市民化成本概念和内涵分析基础上，主要针对农民工转变为市民而涉及的成本进行分类测算，在测算思路上区分了人口城镇化成本等概念与农民工市民化成本的差异，避免主观增加农民工市民化成本的金额。如农民工的私人生活成本中，需要考虑农民工已经生活在城市，已经付出一定的城市生活成本，而非直接将城镇居民的生活成本或城镇居民与农村居民的生活消费差额视为农民工市民化的私人生活成本。又如城市基础设施成本本身并非农民工转变为市民涉及的成本，而是前期为适应城镇人口流入所增加的成本。如果从静态分析来看，既定存量的农民工转变为市民并未增加城镇人口规模，因此在测算该指标时并不能将其简单视为城镇基础设施投资费用。

最后，需要特别指出的是，本次测算属于对当期成本的静态测算，并不涉及未来因农民工转变为市民的数量增加而新增的边际成本；同时也没有测算长期成本，如政府未来需要动态追加的因农民工转变为市民所需支付的养老金缺口，因此，在公共成本额度上会低于有些测算研究得出的结果。

四、本章小结

本章在前述理论分析和经验探讨的基础上，科学构建农民工市民化成本测算模型，设定测算方案，并基于我国典型区域的现实情况对相关地区的农民工市民化成本进行测算分析。

首先，我国农民工市民化成本测算方案主要分为三类，即社会成本测算方案、公共成本测算方案、综合成本测算方案，三者在测算框架、成本构成、测算思路等方面存在一定的差异。本课题在综合与比较前述测算方案的基础上，以可测性和综合性为主要原则，科学选取测算指标体系，构建农民工市民化成本测算的实证分析框架与测算模型。

其次，基于样本典型性、丰富性和可测得性的综合权衡，选取东、中、西三部中最具代表性的几大城市作为本次测算的主要对象，并以私人成本、企业成本、公共成本为主要分类进行详细测算。同时，在测算方法上，本次测算侧重新增费用、当期成本的测算，并辅以时间序列进行动态测算。其测算结果详见本章各成本测算表。

再次，通过对各省（区、市）成本测算结果的对比分析显示，我国不同省（区、市）、不同区域范围内和不同假设方案下，各地的农民工市民化成本呈现出显著的差异，且跨省流动方案下各地农民工市民化成本将大幅增加。其中，公共成本是跨省流动下的农民工市民化主要成本。

最后，综上所述，基于特定的现实情况，以可测性、综合性和独立性为原则，结合前述农民工市民化成本测算研究与方法，选取科学有效的成本测算指标与测算方案，对我国不同地区具有代表性的省（区、市）进行科学测算，有利于分析我国农民工市民化成本的构成，从成本分担角度探讨农民工市民化成本分担模式的创新以及相应激励机制的设计。

第六章　农民工市民化成本分担主体行为研究

由上一章分析可知，农民工市民化成本包括私人成本、公共成本、企业成本三个维度，分别由农民工个人、政府、企业三方承担。其中，公共成本包含基础设施建设成本、公共事务管理成本、教育和技能培训成本、住房保障成本、社会保障成本等方面，主要由中央政府、流出地政府、流入地政府三方承担。企业所分担的医疗保障、养老保险、失业保险、工伤保险、生育保险等成本属于法定义务，各项成本的具体分担比例不是由企业自己选择，而是由相应法律法规确定的。因此，不失一般性，本章暂不考虑企业所分担的农民工市民化成本。

一、基于动态博弈的农民工市民化成本分担主体行为分析

（一）基本假设与模型

记 C 为单个农民工的市民化成本；α、β、γ 分别代表中央政府、流出地政府、流入地政府选择的成本分担比例($0 \leqslant \alpha, \beta, \gamma \leqslant 1$)，则农民工的成本分担比例 $\delta = 1 - \alpha - \beta - \gamma$；$q$ 表示选择市民化的农民工数量。

在农民工市民化过程中，不管是中央政府还是地方政府，提高政府成本分担比例将激励更多的农民工选择市民化，即 $\partial q/\partial\alpha > 0$，$\partial q/\partial\beta > 0$，$\partial q/\partial\gamma > 0$。因此，不失一般性，假设农民工市民化量 $q = a + k(\alpha + \beta + \gamma)$，其中：$a(>0)$ 代表自愿分担全部成本的农民工市民化量，表示即使政府不分担市民化成本，部分经济条件较好的农民工仍将选择市民化；$k(>0)$ 表示政府分担成本对农民工市民化的激励系数。

记 I_c 表示中央政府在市民化过程中的收益，包括全国 GDP 增长、税收增长等；记 I_o 表示流出地政府在市民化过程中的收益，包括土地增值收益等；记 I_i 表示流入地政府在市民化过程中的收益，包括地区 GDP 增长、税收增长等；记 I_f 表示农民工在市民化过程中的收益，包括土地增值收益、工资性收入、医疗保障、养老保险等。

由以上假设可知，中央政府、流出地政府、流入地政府、农民工的净效用函数分别为

$$\pi_c=(I_c-\alpha C)q=(I_c-\alpha C)[a+k(\alpha+\beta+\gamma)] \tag{6-1}$$

$$\pi_o=(I_o-\beta C)q=(I_o-\beta C)[a+k(\alpha+\beta+\gamma)] \tag{6-2}$$

$$\pi_i=(I_i-\gamma C)q=(I_i-\gamma C)[a+k(\alpha+\beta+\gamma)] \tag{6-3}$$

$$\pi_f=[I_f-(1-\alpha-\beta-\gamma)C]q=[I_f-\delta C][a+k(\alpha+\beta+\gamma)] \tag{6-4}$$

（二）博弈均衡结果求解

根据我国政府决策机制，首先中央政府选择自身的成本分担比例 α，然后流出地政府和流入地政府同时选择各自的成本分担比例 β、γ。利用逆向归纳法，由最优一阶条件可得

$$\begin{cases}\partial\pi_o/\partial\beta=kI_o-aC-kC(\alpha+\gamma)-2kC\beta=0\\ \partial\pi_i/\partial\gamma=kI_i-aC-kC(\alpha+\beta)-2kC\gamma=0\end{cases} \tag{6-5}$$

联立解得

$$\begin{cases}\beta=\dfrac{2kI_o-kI_i-aC-kC\alpha}{3kC}\\ \gamma=\dfrac{2kI_i+kI_o-aC-kC\alpha}{3kC}\end{cases} \tag{6-6}$$

此时，农民工市民化量为

$$q=\frac{kI_o+kI_i+aC+kC\alpha}{3C} \tag{6-7}$$

将式（6-6）带入前面公式，可得中央政府净效用函数为

$$\pi_c=\frac{(I_c-\alpha C)(kI_o+kI_i+aC+kC\alpha)}{3C} \tag{6-8}$$

由 $\partial\pi_c/\partial\alpha=0$ 可得中央政府的最优成本分担比例为

$$\alpha=\frac{k(I_c-I_o-I_i)-aC}{2kC} \tag{6-9}$$

将式（6—9）带入式（6—6）和式（6—7）可得流出地政府、流入地政府的成本分担比例和农民工市民化量分别为

$$\beta=\frac{k(5I_o-I_i-I_c)-aC}{6kC},\ \gamma=\frac{k(5I_i-I_o-I_c)-aC}{6kC},$$

$$q=\frac{k(I_o+I_i+I_c)+aC}{6C} \tag{6—10}$$

此时，农民工的成本分担比例为

$$\delta=1-\alpha-\beta-\gamma=\frac{(6k+5a)C-k(I_o+I_i+I_c)}{6kC} \tag{6—11}$$

因此，中央政府、流出地政府、流入地政府以及农民工的净效用函数分别为

$$\pi_c=\frac{[k(I_o+I_i+I_c)+aC]^2}{12kC},$$

$$\pi_o=\frac{[k(I_o+I_i+I_c)+aC]^2}{36kC},$$

$$\pi_i=\frac{[k(I_o+I_i+I_c)+aC]^2}{36kC},$$

$$\pi_f=\left[I_f-C+\frac{k(I_o+I_i+I_c)-5aC}{6C}\right]\cdot\frac{k(I_o+I_i+I_c)+aC}{6C} \tag{6—12}$$

（三）成本分担主体行为分析

为了保证成本分担博弈存在纯策略均衡解，假设 $k(I_c+I_o+I_i-6C)/5\leqslant aC\leqslant\min\{k(I_c-I_o-I_i),\ k(5I_o-I_i-I_c),\ k(5I_i-I_o-I_c)\}$。下面，分别对各成本分担主体的分担决策和净效用影响因素进行深入分析。

1. 分担比例影响因素分析

通过对式（6—9）～（6—11）进行分析可知，以下定理成立：

定理 1　$\partial\alpha/\partial k>0$，$\partial\beta/\partial k>0$，$\partial\gamma/\partial k>0$，$\partial\delta/\partial k<0$，$\partial q/\partial k>0$。

定理 1 表明：在农民工市民化成本不变条件下，随着政府分担成本对农民工市民化激励效应的增强，中央政府、流出地政府、流入地政府都将选择更高的成本分担比例，农民工需要分担的市民化成本比例将随之降低。此时，农民工选择市民化能够获得更多的净效用，因此越来越多的农民工将选择市民化。

定理 2　$\partial\alpha/\partial C<0$，$\partial\beta/\partial C<0$，$\partial\gamma/\partial C<0$，$\partial\delta/\partial C>0$，$\partial q/\partial C<0$。

定理 2 表明：在政府分担成本对农民工市民化激励效应不变条件下，随着农民工市民化成本的增加，为了降低自身所分担的市民化成本，中央政府、流出地政府、流入地政府都将选择更低的成本分担比例，而农民工将不得不分担更多的市民化成本比例。此时，中央政府、流出地政府、流入地政府所分担的市民化成本将下降，农民工分担的市民化成本将上升，农民工选择市民化所获得的净效用将不断下降，这将打击农民工市民化的积极性，使得越来越多的农民工不愿意选择市民化。

定理 3　$\partial\alpha/\partial a<0$，$\partial\beta/\partial a<0$，$\partial\gamma/\partial a<0$，$\partial\delta/\partial a>0$，$\partial q/\partial a>0$。

定理 3 表明：在农民工市民化成本、政府分担成本对农民工市民化激励效应等因素不变条件下，随着自愿分担全部成本的农民工市民化量的增加，中央政府、流出地政府、流入地政府都将选择更低的成本分担比例，而农民工将不得不分担更多的市民化成本比例。此时，中央政府、流出地政府、流入地政府所分担的市民化成本将下降，农民工分担的市民化成本将上升。虽然分担更多的市民化成本比例将打击一些经济条件较差的农民工市民化积极性，但由于部分经济条件较好的农民工市民化量不断增加，因此总的农民工市民化量将上升。

定理 4　$\partial\alpha/\partial I_c>0$，$\partial\beta/\partial I_c<0$，$\partial\gamma/\partial I_c<0$，$\partial\delta/\partial I_c<0$，$\partial q/\partial I_c>0$。

定理 4 表明：在地方政府收益不变条件下，随着中央政府在农民工市民化过程中收益（如全国 GDP 增长、税收增长等）的不断增加，中央政府具有更强的农民工市民化成本分担能力，愿意选择更高的成本分担比例。此时，流出地政府、流入地政府以及农民工可以分担较低的市民化成本，使得农民工选择市民化能够获得更多的净效用，这将吸引更多的农民工选择市民化。

定理 5　$\partial\alpha/\partial I_o<0$，$\partial\beta/\partial I_o>0$，$\partial\gamma/\partial I_o<0$，$\partial\delta/\partial I_o<0$，$\partial q/\partial I_o>0$。

定理 5 表明：在中央政府和流入地政府收益不变条件下，随着流出地政府在市民化过程中土地增值收益的不断增加，流出地政府具有更多动力去选择成本分担比例。为了获得更多净效用，中央政府、流入地政府以及农民工都将分担更低比例的市民化成本，即三方都能从土地增值收益中获利，这将吸引越来越多的农民工选择市民化。

定理 6　$\partial\alpha/\partial I_i<0$，$\partial\beta/\partial I_i<0$，$\partial\gamma/\partial I_i>0$，$\partial\delta/\partial I_i<0$，$\partial q/\partial I_i>0$。

定理 6 表明：在中央政府和流出地政府收益不变条件下，随着流入地政府在市民化过程中收益（如地区 GDP 增长、税收增长等）的不断增加，流入地政府具有更强的经济承受能力，愿意选择更高的成本分担比例，以吸引该地区更多的农民工选择市民化。此时，中央政府、流出地政府以及农民工可以分担更低比例的市民化成本，这将调动农民工市民化的积极性，使得该地区越来越多的农民工选择市民化。

2. 净效用影响因素分析

通过对式（6－12）进行分析可知，以下定理成立：

定理 7　$\partial\pi_c/\partial k>0$，$\partial\pi_o/\partial k>0$，$\partial\pi_i/\partial k>0$，$\partial\pi_f/\partial k>0$。

定理 7 表明：在农民工市民化成本不变条件下，随着政府分担成本对农民工市民化激励效应的增强，为了吸引更多的农民工选择市民化，中央政府、流出地政府、流入地政府都愿意通过分担更高的市民化成本份额来降低农民工的成本分担比例。此时，中央政府、流出地政府、流入地政府、农民工等相关主体在市民化过程中都能够获得更多的净效用。

定理 8　$\partial\pi_c/\partial C<0$，$\partial\pi_o/\partial C<0$，$\partial\pi_i/\partial C<0$，$\partial\pi_f/\partial C<0$。

定理 8 表明：在政府分担成本对农民工市民化激励效应不变条件下，随着农民工市民化成本的增加，为了降低市民化成本对自身净效用的冲击，中央政府、流出地政府、流入地政府都将选择更低的成本分担比例，而农民工将不得不分担更多的市民化成本比例。此时，越来越多的农民工不愿意选择市民化，中央政府、流出地政府、流入地政府、农民工等相关主体在市民化过程中所获净效用将下降。

定理 9　（1）$\partial\pi_c/\partial a>0$，$\partial\pi_o/\partial a>0$，$\partial\pi_i/\partial a>0$；

（2）当 $\pi_{f1}^*<\pi_f<\pi_{f2}^*$ 时，$\partial\pi_f/\partial a<0$；当 $\pi_f>\pi_{f2}^*$ 时，$\partial\pi_f/\partial a>0$，其中：$\pi_{f1}^*=C+[-k(I_c+I_o+I_i)+5aC]/(3C)$，$\pi_{f2}^*=C+[2k(I_c+I_o+I_i)+5aC]/(3C)$。

定理 9 表明：在农民工市民化成本、政府分担成本对农民工市民化激励效应等因素不变条件下，随着自愿分担全部成本的农民工市民化量的增加，中央政府、流出地政府、流入地政府都将选择更低的成本分担比例，而农民工将不得不分担更多的市民化成本比例。此时，中央政府、流出地政府、流入地政府等相关主体只需要分担较低的成本就能吸引更多的农民工选择市民化，从而获得更高的净效用。但是，由于农民工分担了较高的市民化成本，当农民工在市民化过程中所获收益较低时，随着自愿分担全部成本的农民工市民化量的增加，农民工选择市民化所获净效用将下降；只有当农民工收益增加到一定水平时，农民工选择市民化所获净效用才会不断上升。

定理 10　（1）$\partial\pi_c/\partial I_c>0$，$\partial\pi_o/\partial I_c>0$，$\partial\pi_i/\partial I_c>0$，$\partial\pi_f/\partial I_c>0$；（2）$\partial\pi_c/\partial I_o>0$，$\partial\pi_o/\partial I_o>0$，$\partial\pi_i/\partial I_o>0$，$\partial\pi_f/\partial I_o>0$；（3）$\partial\pi_c/\partial I_i>0$，

$\partial\pi_o/\partial I_i>0$，$\partial\pi_i/\partial I_i>0$，$\partial\pi_f/\partial I_i>0$；(4)$\partial\pi_c/\partial I_f>0$，$\partial\pi_o/\partial I_f>0$，$\partial\pi_i/\partial I_f>0$，$\partial\pi_f/\partial I_f>0$。

定理 10 表明：随着相关主体在市民化过程中收益的不断增加，越来越多的农民工将选择市民化，这就使得中央政府、流出地政府、流入地政府、农民工等相关主体在市民化过程中所获净效用都将上升。

二、基于委托代理的农民工市民化成本分担主体行为分析

由前面分析可知，中央政府、流出地政府、流入地政府的成本分担行为是农民工市民化的主要影响因素之一。2016 年 7 月，国务院出台《关于实施支持农业转移人口市民化若干财政政策的通知》，提出中央财政将对地方政府市民化工作实施奖励机制。此时，中央政府、流出地政府、流入地政府之间形成了一种委托代理关系，其中：中央政府是委托人，流出地政府和流入地政府都是代理人，具体如图 6-1 所示。

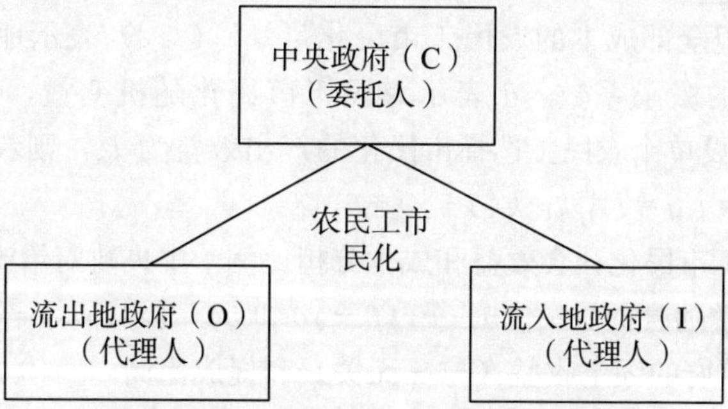

图 6-1　农民工市民化委托代理关系

在推进农民工市民化过程中，中央政府很难准确掌握流出地、流入地政府的成本分担比例。为了获得中央政府更多的奖励，一些流出地、流入地政府可能虚报自己的成本分担比例。下面，以中央政府是否知道流出地、流入地政府的真实成本分担比例为依据，分别在对称信息和非对称信息两种情形下，通过构建农民工市民化激励机制模型，深入研究中央政府、流出地、流入地政府的成本分担选择和期望效用，探讨相关因素对成本分担选择、激励机制以及期望效用的影响特征。

（一）基本假设与模型

在农民工市民化过程中，假设中央政府（C）是风险中性的，流出地政府和流入地政府均属于风险规避；$\rho(>0)$ 表示流出地、流入地政府的风险规避度。

记 β、γ 分别代表流出地政府（O）、流入地政府（I）在农民工市民化过程中的成本分担比例（$0\leqslant\beta$，$\gamma\leqslant1$）；q 代表选择市民化的农民工数量。当流出地与流入地之间没有农民工选择市民化时，不妨假设两者保留效用为 μ_o 和 μ_i。

农民工市民化对流出地经济增长、财税收入、流入地公共服务具有负效用，且这种负效用将随着 q 的增加而快速上升，因此不妨假设流出地、流入地政府的负效用为 $1/2b\beta^2$ 和 $1/2b\gamma^2$（$b>0$），其中 b 代表地方政府的农民工市民化成本系数。

农民工市民化选择，不但与流出地、流入地政府的努力水平相关，也与其他不确定性因素相关（如农民工经济状况、企业工资收入等）。因此，假设农民工市民化量 $q=a+k(\beta+\gamma)+\theta$，其中：$a$（$>0$）代表在地方政府不支持条件下自愿分担全部成本的农民工市民化量，k（>0）表示地方政府努力对农民工市民化的激励系数，θ 表示农民工市民化随机变量，且服从 $N(0,\sigma^2)$。此时，假设单个农民工选择市民化的产出效益为 I_s，则农民工市民化的社会效益为 $\pi=I_sq=I_s[a+k(\beta+\gamma)+\theta]$。

根据农民工市民化社会效益和成本分担比例，中央政府给流出地、流入地政府如下线性激励合同：$m+n\pi+r(\beta-\gamma)$ 和 $m+n\pi+r(\gamma-\beta)$，其中：m、n 分别为地方政府的固定收益（与 π 无关）和提成比例；r（$0<r<1$）为中央政府根据地方政府成本分担差异给予的相应奖惩力度，目的在于防止流出地、流入地政府在农民工市民化过程中出现搭便车行为。所以，中央政府、流出地政府、流入地政府从农民工市民化过程中所获收益函数分别为

$$\pi_c=\pi-2(m+n\pi)=-2m+(1-2n)I[a+k(\beta+\gamma)+\theta] \tag{6-13}$$

$$\begin{aligned}\pi_o&=m+n\pi+r(\beta-\gamma)-1/2b\beta^2\\&=m+nIa+(knI+r)\beta+(knI-r)\gamma+nI\theta-1/2b\beta^2\end{aligned} \tag{6-14}$$

$$\begin{aligned}\pi_i&=m+n\pi+r(\gamma-\beta)-1/2b\gamma^2\\&=m+nIa+(knI-r)\beta+(knI+r)\gamma+nI\theta-1/2b\gamma^2\end{aligned} \tag{6-15}$$

一般地，中央政府、流出地政府、流入地政府都是以自身期望效用最大化为决策目标。记 f_c 为中央政府期望效用，因为中央政府为风险中性，所以它的期望效用等于期望收益函数，即

$$f_c = E(\pi_c) = -2m + (1-2n)I[a + k(\beta + \gamma)] \quad (6-16)$$

由于流出地、流入地政府都是风险规避，不妨假设其收益函数都是绝对不变风险规避，即效用函数分别为 $u_o = -e^{-\rho\pi_o}$ 和 $u_i = -e^{-\rho\pi_i}$，其中：ρ 为地方政府绝对风险规避度，$\rho = -u''/u'$。由于 $\theta \sim N(0, \sigma^2)$，因此流出地、流入地政府的期望效用分别为

$$Eu_o = E(-e^{-\rho\pi_o}) = -\int_{-\infty}^{+\infty} e^{-\rho\pi_o} \frac{1}{\sqrt{2\pi}n\sigma} e^{\frac{[\pi_o - E(\pi_o)]^2}{2n^2\sigma^2}} d\pi_o = -e^{-\rho[E(\pi_o) - 1/2\rho n^2\sigma^2]} \quad (6-17)$$

$$Eu_i = E(-e^{-\rho\pi_i}) = -\int_{-\infty}^{+\infty} e^{-\rho\pi_i} \frac{1}{\sqrt{2\pi}n\sigma} e^{\frac{[\pi_i - E(\pi_i)]^2}{2n^2\sigma^2}} d\pi_i = -e^{-\rho[E(\pi_i) - 1/2\rho n^2\sigma^2]} \quad (6-18)$$

显然，流出地、流入地政府最大化期望效用等价于最大化下面式子：

$$\begin{aligned} f_o &= E(\pi_o) - 1/2\rho n^2\sigma^2 \\ &= m + nIa + (knI + r)\beta + (knI - r)\gamma - 1/2b\beta^2 - 1/2\rho n^2 I^2\sigma^2 \end{aligned} \quad (6-19)$$

$$\begin{aligned} f_i &= E(\pi_i) - 1/2\rho n^2\sigma^2 \\ &= m + nIa + (knI - r)\beta + (knI + r)\gamma - 1/2b\gamma^2 - 1/2\rho n^2 I^2\sigma^2 \end{aligned} \quad (6-20)$$

（二）对称信息下成本分担激励机制模型

在对称信息情形下，中央政府能够观察到地方政府的成本分担比例 β、γ，即地方政府的激励相容约束（IC）无法起到作用，中央政府通过参与约束（IR）即可实现任意大小的成本分担比例。此时，对称信息情形下的市民化成本分担激励机制模型如下：

$$\max_{m,n,\beta,\gamma} f_c = -2m + (1-2n)I[a + k(\beta + \gamma)] \quad (6-21)$$

$$\text{s.t. } f_o = m + nIa + (knI + r)\beta + (knI - r)\gamma - 1/2b\beta^2 - 1/2\rho n^2 I^2\sigma^2 \geqslant \mu_o(IR) \quad (6-22)$$

$$f_i = m + nIa + (knI - r)\beta + (knI + r)\gamma - 1/2b\gamma^2 - 1/2\rho n^2 I^2\sigma^2 \geqslant \mu_i(IR) \quad (6-23)$$

由 Kuhn－Tucker 条件可知参与约束（IR）中等式成立，将它们带入式（6－21）整理可得：

$$\max_{n,\beta,\gamma} f_c = Ia + \beta + \gamma - 1/2b\beta^2 - 1/2b\gamma^2 - \rho n^2 I^2 \sigma^2 - \mu_o - \mu_i \quad (6-24)$$

因为 $\partial^2 f_c/\partial n^2 < 0$，$\partial^2 f_c/\partial \beta^2 < 0$，$\partial^2 f_c/\partial \gamma^2 < 0$，由 $\partial f_c/\partial n = 0$，$\partial f_c/\partial \beta = 0$，$\partial f_c/\partial \gamma = 0$，可得流出地、流入地政府的提成比例 n 和成本分担比例 β、γ，将它们带入式（6－24）可得中央政府期望效用，即

$$n = 0,\ \beta = \gamma = \frac{1}{b},\ Eq = a + \frac{2k}{b},\ f_c = Ia + \frac{1}{b} - \mu_o - \mu_i \quad (6-25)$$

（三）非对称信息下成本分担激励机制模型

在非对称信息情形下，中央政府无法观察到地方政府的成本分担比例 β、γ，即地方政府的激励相容约束（IC）起到作用，成本分担比例 β、γ 由地方政府自己选择。此时，非对称信息情形下的市民化成本分担激励机制模型如下：

$$\max_{m,n} f_c = -2m + (1-2n)I[a + k(\beta+\gamma)] \quad (6-26)$$

$$\text{s.t. } f_o = m + nIa + (knI + r)\beta + (knI - r)\gamma - 1/2b\beta^2 - 1/2\rho n^2 I^2 \sigma^2 \geqslant \mu_o (IR) \quad (6-27)$$

$$f_i = m + nIa + (knI - r)\beta + (knI + r)\gamma - 1/2b\gamma^2 - 1/2\rho n^2 I^2 \sigma^2 \geqslant \mu_i (IR) \quad (6-28)$$

$$\max_{\beta} f_o = m + nIa + (knI + r)\beta + (knI - r)\gamma - 1/2b\beta^2 - 1/2\rho n^2 I^2 \sigma^2 (IC) \quad (6-29)$$

$$\max_{\gamma} f_i = m + nIa + (knI - r)\beta + (knI + r)\gamma - 1/2b\gamma^2 - 1/2\rho n^2 I^2 \sigma^2 (IC) \quad (6-30)$$

利用 $\partial f_o/\partial \beta = 0$ 和 $\partial f_i/\partial \gamma = 0$ 可得，流出地、流入地政府的成本分担比例分别为

$$\beta = \gamma = \frac{knI + r}{b} \quad (6-31)$$

由 Kuhn－Tucker 条件可知参与约束（IR）中等式成立，将它们和式（6－31）一起带入式（6－26），整理可得：

$$\max_{n} f_c = \frac{1}{b}[-I^2(k^2 + b\rho\sigma^2)n^2 + 2kI(1-r)n - r^2 + 2r] + Ia - u_o - u_i \quad (6-32)$$

因为 $\partial^2 f_c/\partial n^2 < 0$，由 $\partial f_c/\partial n = 0$ 可得提成比例 n，再将其带入式（6-31）可得流出地、流入地政府的成本分担比例 β、γ，计算可得中央政府的期望效用，即

$$n = \frac{k(1-r)}{I(k^2 + b\rho\sigma^2)},\ \beta = \gamma = \frac{k^2}{b(k^2 + b\rho\sigma^2)},\ Eq = a + \frac{2k^3}{b(k^2 + b\rho\sigma^2)},$$

$$f_c = \frac{k^2 + br\rho\sigma^2(2-r)}{b(k^2 + b\rho\sigma^2)} + Ia - u_o - u_i \tag{6-33}$$

（四）成本分担主体行为分析

1. 对称信息下成本分担主体行为分析

在对称信息情形下，中央政府能够观察到地方政府的成本分担比例 β、γ，分析可得出以下结论成立。

（1）由 $\beta=\gamma=1/b$ 可知：流出地、流入地政府的成本分担比例只与农民工市民化成本系数 b 有关。显然，随着农民工市民化成本系数的不断增大，流出地、流入地政府的成本分担比例逐渐下降。

（2）由 $n=0$ 可知：无论有多少农民工选择市民化，流出地、流入地政府均只能获得固定收益，即不承担任何收益风险。

（3）由 $\partial f_c/\partial I > 0$，$\partial f_c/\partial a > 0$，$\partial f_c/\partial b < 0$，$\partial Eq/\partial b < 0$ 可知：随着农民工市民化的社会效益和自愿分担全部成本的农民工市民化量不断增加，中央政府从农民工市民化中所获效用将逐渐升高；当成本系数较高时，流出地、流入地政府都不愿意分担更多市民化成本，使得农民工市民化量不断下降，中央政府将遭受效用损失。所以，中央政府应该采取多项措施，不断提高农民工市民化的社会效益，降低市民化成本分担对自身所带来的负效用，以获得更高效用。

2. 非对称信息下成本分担主体行为分析

在非对称信息情形下，中央政府无法观察到地方政府的成本分担比例 β、γ，分析可得出以下结论成立。

（1）由 $\partial\beta/\partial k = \partial\gamma/\partial k > 0$，$\partial Eq/\partial b > 0$ 和 $\partial f_c/\partial k > 0$ 可知：随着地方政府成本分担对农民工市民化激励效应的增强，流出地、流入地政府将愿意选择更高的市民化成本分担比例，愿意承担更多收益风险，这将吸引更多农民工选

择市民化，使得中央政府能够从中获得更高效用。但是，当成本分担对农民工市民化激励效应超过一定水平（即 $k > \sigma\sqrt{b\rho}$）时，流出地、流入地政府将不愿意承担过高的收益风险（$\partial n/\partial b < 0$）。

（2）由 $\partial\beta/\partial b = \partial\gamma/\partial b < 0$，$\partial n/\partial b < 0$，$\partial Eq/\partial b < 0$ 和 $\partial f_c/\partial b < 0$ 可知：随着农民工市民化成本系数的不断增大，流出地、流入地政府既不愿意选择更高的市民化成本分担比例，也不愿意承担更多收益风险。此时，选择市民化的农民工数量逐渐下降，使得中央政府在农民工市民化上遭受效用损失。所以，中央政府应该积极采取措施，帮助流出地、流入地政府降低自身成本，鼓励其承担更多成本分担比例，以吸引更多农民工选择市民化。

（3）由 $\partial\beta/\partial\rho = \partial\gamma/\partial\rho < 0$，$\partial\beta/\partial\sigma^2 = \partial\gamma/\partial\sigma^2 < 0$，$\partial n/\partial\rho < 0$，$\partial n/\partial\sigma^2 < 0$，$\partial Eq/\partial\rho < 0$，$\partial Eq/\partial\sigma^2 < 0$，$\partial f_c/\partial\rho < 0$，$\partial f_c/\partial\sigma^2 < 0$ 可知：当地方政府的风险规避度和农民工市民化的不确定性不断上升时，流出地、流入地政府既不愿意选择更高的成本分担比例，也不愿意承担更多收益风险。此时，农民工市民化量不断减少，中央政府从中所获效用将下降。所以，中央政府不但应该鼓励地方政府主动承担收益风险，而且要通过各种渠道收集各地区农民工市民化的真实信息，以提高社会整体效益和自身效用。

（4）由 $\partial\beta/\partial r = \partial\gamma/\partial r = 0$，$\partial n/\partial r < 0$，$\partial Eq/\partial r = 0$ 和 $\partial f_c/\partial r > 0$ 可知：当中央政府提高农民工市民化奖惩力度时，流出地、流入地政府既不会改变成本分担比例，也不愿意承担更多收益风险。此时，农民工市民化量保持不变，中央政府能够获得更多效用。所以，引入农民工市民化奖惩力度并不能改变流出地、流入地政府的成本分担比例和农民工市民化量，而中央政府能够从奖惩机制中获得效用，即流出地、流入地政府效用将下降。

3. 成本分担激励机制信息价值分析

在农民工市民化过程中，相对于非对称信息情形，中央政府在对称信息下能够观察到成本分担比例 β、γ 而获得了更多期望效用（即信息价值）。由式（6-25）和式（6-28）比较可知：

$$\Delta n = \frac{-k(1-r)}{I(k^2+b\rho\sigma^2)},\ \Delta\beta = \Delta\gamma = \frac{b\rho\sigma^2}{b(k^2+b\rho\sigma^2)},$$

$$\Delta Eq = \frac{2bk\rho\sigma^2}{b(k^2+b\rho\sigma^2)},\ \Delta f_c = \frac{\rho\sigma^2(1-r)^2}{k^2+b\rho\sigma^2} \tag{6-34}$$

分析式（6-34）可得出如下结论。

（1）由 $\Delta\beta = \Delta\gamma > 0$ 可知：如果中央政府能够观察到流出地、流入地政府的真实成本分担比例，那么后者将选择更高的成本分担比例。

(2) 由 $\Delta n<0$ 可知：在非对称信息情形下，由于无法观察到真实的成本分担比例 β、γ，中央政府不得不要求流出地、流入地政府承担一定的收益风险。

(3) 由 $\Delta Eq>0$ 可知：与非对称信息相比，在对称信息情形下，由于流出地、流入地政府选择更高的成本分担比例，这就吸引了更多的农民工选择市民化。

(4) 由 $\Delta f_c>0$ 可知：与对称信息相比，在非对称信息下，由于无法观察到真实的成本分担比例 β、γ，中央政府将遭受效用损失。所以，中央政府应该通过各种渠道收集各地区农民工市民化的真实信息，以提高自身效用。

(5) 由 $\partial\Delta f_c/\partial\rho>0$，$\partial\Delta f_c/\partial\sigma^2>0$ 可知：随着地方政府的风险规避度和农民工市民化的不确定性不断增加，中央政府在非对称信息下遭受的效用损失将上升。

(6) 由 $\partial\Delta f_c/\partial k<0$，$\partial\Delta f_c/\partial b<0$，$\partial\Delta f_c/\partial r<0$ 可知：随着成本分担对农民工市民化激励效应、成本系数以及奖惩力度的不断增加，中央政府在非对称信息下遭受的效用损失将逐渐减少。

三、本章小结

在前面分析基础上，本章分别采用动态博弈和委托代理理论研究农民工市民化成本分担主体行为。

在动态博弈分析方面，首先，引入成本分担比例、农民工市民化量、各主体收益等相关概念，给出动态博弈基本假设，构建由中央政府、流出地政府、流入地政府组成的农民工市民化成本分担动态博弈模型；其次，根据中央政府和地方政府博弈顺序，求解得到各主体的成本分担比例及净效用、农民工市民化量等均衡结果；最后，分别研究政府激励效应、市民化成本、各主体收益等相关因素对各主体的成本分担决策和净效用的影响特征。

在委托代理分析方面，首先，引入各主体风险类型、地方政府固定收益及其提成比例，构建农民工市民化成本分担激励机制模型；其次，分别在对称信息、非对称信息条件下，求解得到流出地、流入地政府的提成比例和成本分担比例以及中央政府期望效用；再次，分别探讨对称信息、非对称信息下的成本分担主体行为，分析社会效益、成本系数、风险规避度、奖惩力度等因素对成本分担主体行为的影响特征；最后，详细研究农民工市民化成本分担激励机制的信息价值。

值得注意的是，企业所分担的医疗保障、养老保险、失业保险、工伤保险、生育保险等成本属于法定义务，各项成本的具体分担比例是由相应法律法规确定的。因此，本章研究过程中没有考虑农民工市民化成本的企业分担比例和具体行为。

第七章　新时期农民工市民化成本分担激励机制的构建

新型城镇化强调以人为核心，推进农民工市民化是新型城镇化的重点，也是难点。中国农民工既是城市的建设者，也应该是城市发展的共享者。新型城镇化给农民工带来新期待，农民工将由中低端劳动向中高端劳动提升，成长为知识型、技术性和创业型劳动者，从改变生产和生活条件到全面融入城市，全面享有公共服务（杨志明，2017）。虽然当前进城农民工已经初步具备非农产业工人的基本特征，然而就目前的收入结构和就业属性而言，缺乏组织性、主人翁地位等一些传统产业工人应有的特质，被排斥于城市主流社会之外。究其根源，仍在于农民工市民化的成本未得到有效化解与分担。

一、农民工市民化成本分担主体的界定

从前述社会成本的分析视角而言，农民工市民化是一个涉及多主体利益的行为，其产生的社会成本也需要由多方主体去相应分担。同时，从成本—收益的层面分析，农民工市民化不仅是对农民工自身产生收益，也对政府和企业等其他主体产生巨大的收益，因此，农民工个体、企业和政府都应该相应分担农民工市民化的成本。其中，作为制定政策和实施主体的政府，无论是从责任和义务要求下的补偿角度，还是对于农民工市民化这种具有正外部效应的行动理论上应该予以的费用补贴，都应视为政府分担农民工市民化成本的重要构成部分——公共成本。从目前的研究情况看，政府作为农民工市民化成本的分担主体已经成为学界共识。俞雅乖（2014）从公共成本角度探讨了中央政府和地方政府、地方各级政府以及输入地与输出地政府的财政成本分担机制 。当然，更多的学者界定了包括农民工个体、企业和政府三个分担主体，也有部分研究提及应引导市场参与到农民工市民化成本的分担中。总体而言形成了如下的主

要观点。

（一）农民工市民化产生的公共成本由政府主要承担

政府是维护社会秩序、增进社会福利和促进社会发展的责任主体，这也要求政府为农民工市民化创造必要的与之相适应的外部条件，如公共设施建设完善和公共服务体系拓展深化等。农民工市民化是农民工获取市民身份、享有市民待遇的过程。在当前国情下，农民工市民化成本构成的主体部分就是为农民工提供保障性福利和公共服务所产生的公共成本，即为促成农民工与城镇居民享有同等公共服务权利，在政府层面所需增加的公共财政支出。具体可以分为两方面的内容：一是为提高城镇公共服务与公共设施承载力所需的成本，包括涉及资源环境、公共卫生与教育、能源供应和交通运输等公共基础设施修建、扩建、维护和完善等方面的财政投入；二是为扩充社会保障覆盖面、提升社会福利水平所需的成本，包括健全社会保障、住房保障、公共卫生服务、教育培训服务等制度体系的成本。

需要说明的是，由于事权的归属与承担不同，中央和地方政府以及地方各级政府都需要分担相应的农民工市民化成本。中央政府主要是通过专项财政转移支付，承担农民工市民化过程中个体的社会保障、随迁子女义务教育、医疗卫生服务等各项基本公共服务的费用；地方政府主要是分担农民工市民化的生活需要而涉及的城市管理、公共基础设施建设和公共产品或服务的供给等所产生的直接费用；输出地政府需加强对输出农民工的政策宣传和引导工作，以及必要的技能培训和职业介绍或就业信息服务，并承担相应的费用支出；输入地各级政府要结合财政转移支付制度对农民工市民化过程中的各项福利和公共服务供给支付相关费用。

（二）农民工市民化产生的就业成本等其他外部成本由企业相应分担

目前学界对农民工市民化成本的企业分担相关探讨有待深入，企业分担的成本内容构成也一直没有明确界定，但从社会学视角分析，企业作为一个社会行动者应该肩负一定的社会责任，其对农民工市民化成本的分担一方面是保障农民工劳动权益等内部社会责任实现的必须；另一方面是基于推动农民工市民化进程这一外部社会责任实现的要求。同时，从现行的法律制度层面也要求用工企业必须承担农民工市民化一定的成本。农民工市民化的企业分担成本内含在企业的生产成本中，该类型成本带有极强的内部性，但会对农民工个体发展和农民工市民化产生深远的内部和外部影响。因此，要求企业积极承担购买农民工劳动力所需支付的法定成本。原则上，企业应根据《中华人民共和国劳动法》等各项法律规定，在“同工同酬”和“同工同权”的前提下承担对农民工购买相关劳动保障成本，同时也可以根据企业经营发展状况自愿支付用于农民工人力资本投资及其他企业福利供给的额外成本。此外，现代企业的内在要求不仅需要企业承担法律责任、社会责任，还需要企业能够主动承担相应的伦理责任，从农民工市民化成本分担的角度而言，对内切实维护员工的利益，尊重员工的合理权益诉求和自我发展需要，主动承担员工的思想道德和职业技能培训等相应费用，也是企业承担伦理责任的一个重要表现。

（三）农民工市民化的私人生存发展成本由农民工自己承担

公共服务和社会福利是政府应尽的责任，社会责任的实现也是社会对现代企业的必然要求，但个人也应承担自身生存和发展的首位责任。作为农民工市民化的主体和受益人，农民工个体既然选择了市民化这一道路，就必须积极主动地承担个人及其家庭在城市生存和发展的成本。农民工应该根据自身的劳动能力和收入情况支付必要的包括衣食住行在内的日常生活成本，自费的用于个人发展的人力资本投资成本，子女接受义务教育规定范围之外的教育成本，社会保障中如养老、失业、合作医疗保险等需要个人缴纳部分的成本，以及相关自我保障如补充性的商业保险购买成本等。

（四）可以引入市场化行为有效降低政府的公共成本和农民的私人成本，使市场成为农民工市民化成本的又一主体

在农民工市民化成本的分担中，应该充分重视并发挥市场的作用。一是在政策允许的条件下，以市场化手段将农民工在农村拥有的各类资源转化为可以交易或抵押的资产，促成农民工带资进城的局面，有效减少个体分担的私人成本；二是政府可以拓宽市场融资渠道，考虑发行债券的方式进行融资，充分调动市场参与城镇公共基础设施建设和保障性住房建设的积极性，从而有效利用市场资金缓解公共财政支出压力；三是在既定政策框架范围内，可以通过政府补贴、政市合作的方式，对相关公共产品和公共服务的供给进行市场化操作，

允许市场进入一些针对农民工市民化的公共产品或服务的供给领域。

此外，目前国内鲜有探讨农民工市民化成本由第三部门分担的研究。本课题结合经验与现实分析后认为，社会服务机构等第三部门也应积极补充分担农民工市民化的社会成本。在社会建设持续深化和社会治理创新的新形势下，国家日益重视对社会服务组织的培育，越来越多的社会服务机构作为政府的有效补充，广泛参与到社会建设与民生事业发展相关的一系列社会治理事务中，成为一支在党和政府领导、指导下的社会服务生力军。农民工市民化可以推进我国经济社会发展，由此产生的发展成果会普及广大的社会成员，以社会服务机构为代表的非营利组织也应该通过链接和集聚社会闲散资源，开展相应的农民工城市融入服务、农民工闲暇文娱服务、农民工技能培训以及农民工随迁子女照顾等志愿服务，有效辅助政府和农民工个体分担相应的农民工市民化成本。

总之，农民工市民化成本的分担不仅能在学理层面得到相应的解释，同时也是事关社会公平的问题。长期以来，农民工通过辛勤劳动对区域和国家的经济社会发展提供了强有力的支持，也使政府、企业和市场以及全体社会成员都能够从经济社会发展中受益，而在制度的约束下，他们的付出和所得与其他一些社会主体相比并不对等，农民工市民化作为一项社会工程，旨在保障农民工的应得权利，农民工市民化成本分担的实质就是要解决由外部性而来的主体间成本和收益扭曲的问题，针对农民工的权利缺失做出补偿，体现社会公平。

二、当前农民工市民化成本分担困境

（一）分担机制尚未完善和落实，成本分担工作推进落后于人口城镇化进程

随着我国新型城镇化进程的加速以及农民工市民化问题的逐渐暴露，农民工市民化的成本分担这一农民工市民化的核心问题逐渐引起社会各界的普遍关注，学者们也纷纷对其进行了讨论，并得出了一些能指导实践的研究成果。但从目前的情况看，农民工市民化成本分担格局和分担机制的构建仍然停留在学术探讨的层面，无论是在顶层设计还是在具体工作部署中，符合我国国情的、有针对性和阶段性的农民工市民化成本分担机制及其操作措施的推进过程都较缓慢，多元主体的分担责任及分担行为并未在法律和政策中具体明确。现实中不论是发达地区还是相对落后的区域，农民工市民化成本分担工作的推进总体

上落后于人口城镇化进程。

（二）成本分担的实际参与主体二元发展的局面，导致政府和农民工承压较大

从现实的状况分析，各地区即使存在一定程度的农民工市民化成本分担，在参与主体上也实际仅表现为政府和农民工，其他主体参与相对不足或者说相应的成本分担行为出现很大偏差，农民工市民化成本分担基本都落到了政府和农民工的层面。企业中劳动者权益得不到保障，同工不同酬、同工不同权现象，以及其他违反《中华人民共和国劳动法》的行为使得企业不能真正成为分担主体。而市场虽然在政府融资渠道中占有主要地位，但其先天的逐利性带来的一些偏差行为也致使其不能构成农民工市民化的分担主体；同时以社会服务机构代表的第三部门和社会力量，在现实中不太关注农民工服务，不能有效开展针对农民工市民化的社会资源输送行为，也未能真正成为农民工市民化成本分担的生力军。因此，由历史积累和现实因素而来的巨大的农民工市民化成本，在分担主体上却呈现出仅依靠政府和农民工二元发展的局面，致使政府和农民工在成本分担中的承压较大。

（三）受本位主义和经济理性制约，政府间的分担工作未能协调推进

公共成本构成了农民工市民化的主要成本，在公共成本的分担层面，涉及中央政府和地方各级政府、流出地政府和流入地政府，各级政府应结合自身的事权范围相应地承担成本分担责任。但现实中，各级、各地政府及不同的政府部门承担着不同地方和不同群体的特定利益诉求，因此在利益导向下，政府的相关公共政策决策和公共产品或服务的供给都会受到本位主义和经济理性的制约，即使其意识到自身在农民工市民化成本分担中的具体责任，也并不一定会开展和推进预期的分担工作。由此，当期国内的农民工市民化成本分担并不能够在政府间形成“全国上下一盘棋”的状态，而是呈现出地方政府与中央政府、各级各地政府与不同政府部门等利益主体的博弈“暗战”（胡拥军、高庆鹏，2015），政府间的农民工市民化成本分担体系至今仍处于不完善的阶段，成本分担工作也并未如期协调推进。

（四）缺乏有效的法律监管，企业分担的成本普遍不到位

《中华人民共和国劳动法》和《中华人民共和国劳动合同法》等相关法律早已明确规定了企业雇用员工所需承担的各项责任，最基本的就是要保障劳动者的合法权益，如应有的薪资水平和福利待遇。从学术探讨层面上分析，在农民工市民化过程中，企业雇用农民工并相应按照法律规定支付其工资和福利保障费用，或者出于企业社会责任和伦理责任对农民工进行各项培训，都可以视为企业对农民工市民化成本分担的内容和表现，因此有部分研究者在默认企业已经履行了应有责任的前提下淡化甚至忽略企业在农民工市民化过程中的分担主体地位。但在现实中，由于缺乏有效的监管且违法成本较低，总是有一些企业从谋利角度出发而忽略了自身的法律和道德责任，并不能够真正贯彻执行各项相关法律规定，对农民工甚至是一般城镇居民员工不能支付相应的劳动保障成本，也不会分担农民工市民化的成本。

（五）农民工的流动性风险也直接导致各主体成本分担积极性不高

农民工市民化不是一朝一夕的，而是一个动态发展的系统过程，国内已有的很多研究表明，农民工群体在总体上的流动频率相对较高，农民工选择落户和定居的目标城镇虽然有统计学规律可循，但在现实中却极不稳定。农民工的这种流动性特征，在地方政府和企业看来就是一种典型的风险，因为他们根本不能准确预期谁会成为农民工市民化的最终或长期收益方，一旦农民工流动，那么在地方政府和企业看来，自己为农民工市民化所分担的成本就属于沉没成本，同时还让其他地方政府和企业“搭便车”。在地方政府和企业的决策及具体行动中，出于经济理性，农民工的流动性风险是必然会被考虑的，也直接影响到其分担农民工市民化成本的积极性。同时，从农民工自身角度出发，其在初期可能并没有预期会最终迁入城镇，加之对自我身份的认同、城镇生活和消费差异等因素的影响，短期内可能不会有市民化打算。近两年的一些调查研究也表明，农民工市民化意愿相对不足且很不稳定。在此情况下，农民工在城市务工的过程中也不会积极支付市民化的私人成本。

三、农民工市民化成本分担激励机制构建

（一）构建原则

1. 针对性原则

构建激励机制首先就应带有明确的指向性，即针对农民工市民化成本分担主体的分担行为进行激励。基于我国当前实际情况，在一般性的法律和政策框架下，总能寻找到适用于农民工市民化成本分担激励机制的内容，如户籍改革中的“居住证”政策、住房保障政策中的保障性住房补贴举措，以及《企业所得税法》中对企业开展员工培训的相应税费减免规定等，这些既定的法规和政策对农民工市民化成本分担的相关主体均可以产生一定的激励效果。但就本质而言，这些激励手段均为总体适用性的，并不是单一或有针对性地适用于农民工市民化成本分担激励对象，其所实际产生的激励效果也相对不足。之所以需要构建农民工市民化成本分担的激励机制，就是要在当前农民工市民化成本分担主体层面出现的分担积极性不足、分担行为偏离预期等情况下，针对具体过程和具体对象设计出能发挥作用的激励手段，以强化和确保农民工市民化成本分担主体的成本分担行为。

2. 可行性原则

农民工市民化成本分担激励机制的构建，不仅限于一次理论的探讨，更重要的是要为政府的相关决策提供必要的参考，体现研究的实践应用价值。因此，既要考虑到机制构建的重要性和创新性，在一定程度上更应侧重其现实的可操作性。这就需要在机制构建时必须充分把握国情，放眼全局，站在有利于推进我国各项改革事业总体推进的高度，综合权衡，适度操作，既要有理论和经验层面的说服力，也要具备现实的可行性依据。

3. 奖惩并用原则

从手段层面分析，激励行为本身就应当包括正强化和负强化措施，二者有机统一，共同作用，从而达成激励效果。如果单纯或侧重使用奖励这一正强化手段，会使行动主体在预期不会受到约束的情况下产生懈怠行为，同时也容易

滋生“剥夺—满足”现象（侯钧生，2010）；而如果一味使用惩罚的负强化手段，则会引发行动主体的不满情绪，激发矛盾与对抗。

因此，对农民工市民化成本分担各主体设计激励机制时，应注意综合设计正向和负向的强化手段，在侧重制度激励的同时也要相应从制度规范层面进行约束，确保各分担主体在法律、制度、纪律和道德等社会规范的既定框架下合理开展农民工市民化成本的分担行为。同时也必须明确对偏离既定规范或未达成预期工作目标的行为所适用的惩罚机制。

（二）构建思路和方案

综上所述，本课题在基于针对性、可行性、奖惩并用原则下，从确保农民工市民化激励机制的体系性、完整性和有效性的层面考虑，认为首先应该将法律制度完善、政策体系推进和工作机制健全这三个层面作为机制构建的主要内容，着重以制度供给解决农民工市民化成本分担的激励问题，并以健全的工作机制保障法律和政策的有效落实，达成激励效果。具体而言，应该以激励对象为指向，从财政分权体制、涉企税收体制、土地流转体制和政府购买社会服务体制四个内容层面构建农民工市民化成本分担激励机制。具体思路和方案如图7－1所示。

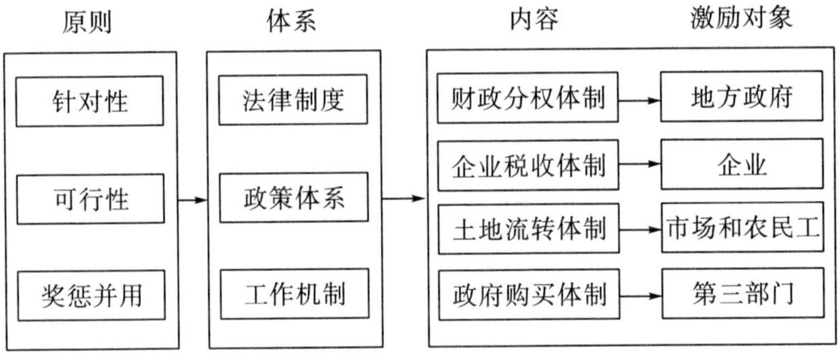

图 7－1　农民工市民化成本分担激励机制思路和方案

四、农民工市民化成本分担的具体措施

（一）成本分摊主体负担能力与重点激励措施分析

从收益角度看，农民工市民化的收益要高于所支出的各类成本，其中主要收益包括农民工收入与农村居民收入的差额、企业利润的增加等。国务院发展研究中心课题组（2010）发现农民工市民化对经济增长和产业结构有显著影响。每年增加市民化1000万人口的情景与基准情景相比，每年可提高增长速度0.9~1.1个百分点。在成本构成方面，本书第五章测算结果表明，各省平均私人成本（私人生活成本、私人住房成本、私人社会保险成本、私人智力成本）约为1.53万元，约占总成本的18%。2017年末，农民工人均月收入水平为3485元，农民工市民化的私人成本约为农民工年工资收入的36.6%。另外，农民工在实现市民化的同时，还可以通过土地流转等方式获得一定收益，这部分成本无论从属性还是从负担能力上均可由农民工自己承担。随着新型城镇化建设的需要，农民工需要逐渐转变为知识型、技术型和创业型劳动者，这将对农民工的劳动力素质提出更高要求，因此，如何促进农民工提高人力资本存量应成为激励机制设计的重要内容。测算结果中，企业负担每个农民工的成本（企业就业培训成本、企业社会保险成本）约为1万元，占市民化总成本的12%左右，该部分成本主要来源于雇用关系和企业发展目标，是企业在生产经营过程中必须支付的成本，该部分成本应由企业承担。但在实际操作中，企业往往通过不缴、少缴等方式逃避农民工的社会保险责任，因此，如何激励企业对农民工社会保险成本的负担，应是促进该部分成本得到有效分担的重点。公共成本（随迁子女教育公共成本、社会保障与就业成本、住房保障成本、管理成本）占农民工市民化成本的70%左右，是市民化进程中最主要的成本。公共成本通常应由政府承担，实践中，由于中央政府与地方政府在财权和事权上的划分，教育、社会保障、住房、一般公共服务等公共支出由中央政府和地方政府共同承担。以2016年为例，一般公共服务、教育、医疗卫生和计划生育、社会保障与就业、住房保障的支出主要由地方政府承担，地方政府的五项支出均超过全国总支出的90%（如图7-2所示）。因此，如按照现有财权、事权体制，农民工市民化的公共成本将以地方政府为主、中央政府为辅的形式进行分担。

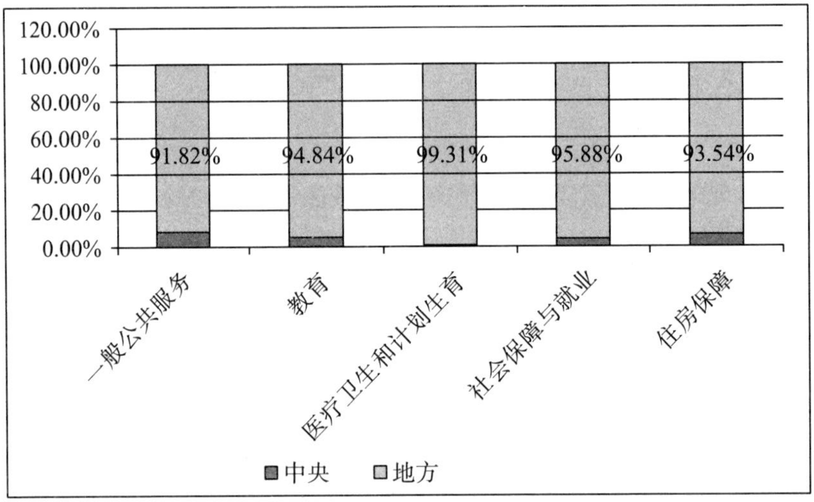

图 7-2 2016 年中央和地方政府部分公共预算支出占比情况

数据来源：2017 年中国统计年鉴。

对于地方政府而言，当农民工为其带来的财富大于政府提供的公共服务成本时，为农民工提供市民化待遇才是合意的。根据舒尔茨的人力资本投资的成本—收益理论，在农民工完成市民化的过程中，也是对其进行人力资本的投资，必然将产生相应的经济收益（国务院发展研究中心课题组，2010）。农民工市民化为地方财政带来的收益包括直接税收收入和其他间接收入。地方政府收益主要包括农民工对政府财政收入的贡献以及对企业利润的贡献。地方政府目前可获得的收入包括农民工的个人所得税（40%）、增值税（25%）、企业所得税（40%）等。基本测算方式为：$B=B_1+B_2+B_3$，其中 B_1 为本地消费所带来的增值税收入，即农民工生活成本×增值税率×地方政府分配比例；B_2 为农民工财政收入贡献水平，即全国人均财政收入贡献×农民工平均工资÷城镇职工平均工资；B_3 为农民工对企业利润的贡献。

从上述分析看，流入地地方政府所获得的财政收入不足以支付农民工市民化的公共成本，特别是跨省流动的教育成本，因此，需要中央政府、流出地政府和流入地政府共同承担该项成本（见表 7-1）。

表 7-1 农民工市民化成本分担状况表

成本构成		分担主体	资金来源	重点措施
私人成本	生活成本、住房成本、社会保险成本、智力成本	农民工家庭	工作收入、土地流转收益	人力资本投资激励
企业成本	就业培训成本、企业社会保险成本	企业	企业利润	企业社会保险缴费稽核
公共成本	随迁子女教育公共成本	中央、流出地和流入地政府	财政收入	各级政府间利益协调
	社会保障与就业成本、住房保障成本	流入地政府为主，中央政府为辅	财政收入	考核机制、问责机制
	管理成本	地方政府	财政收入	

（二）农民工市民化主要成本分摊的激励措施

1. 农民工人力资本投资成本分摊激励机制

随着新型城镇化的加速，各类城镇入户政策也逐渐放宽，但多数农民工却选择“进城不落户”。从表面上看，他们顾虑自身在城镇生活难以为继，但根本基因却是农民工个体人力资本要素严重不足，难以融入城镇主流劳动力要素市场，以致出现就业无保障、收入低下，支撑不了其城镇生活（黄江泉、谢艳华，2018）。未来一段时间，中国的城镇化必将加速推进，许多新的岗位将被再次创造出来，对包括农民工人力资本在内的农村要素需求将急剧扩增。而能否真正实现市民化，农民工自我发展能力是内在驱动力，人力资本越充裕的农民工越渴望到城镇发展、享受城镇现代文明，也越易被城镇吸纳，从而获得更稳定的就业、更高的收入以有效负担其城市生活成本。目前，农民工人力资本投资方面，不论是农民工自身、企业还是地方政府都显得不积极，也存在不作为的情况。其原因主要在于人力资本存在极强的外部性，如果获取的收益不能弥补其成本，投资者将不会做出投资决策。

实践证明，没有经过开发的人力资本，与充分就业和劳动力转移呈逆相关关系（张元庆，2016）。人力资本投资理论认为，人力资本的投资应按照“谁受益、谁投资”的原则进行。但目前多数农民工主要受雇于私营中小企业，以及进城决策的暂时性和人力资本投资的外溢性等因素，农民工人力资本投资成本应由政府、企业和农民工自身共同承担，形成一个包括农民工个体主动投资、企业针对性培训、政府铺路搭桥的联合培育与激励机制（黄江泉、钟莎、万晓凡，2018），具体激励方式如表7-2所示。

表7-2 农民工人力资本投资激励方式

行动主体	激励措施	激励对象与目标
企业	技能工资差别	农民工
企业	完善职业晋升通道	农民工
社会	典型示范与正面宣传	农民工
政府	财政补贴与税收优惠	企业
政府	职业培训补偿机制	企业
社会	金融支持	企业

（1）强化农民工主动投资的激励措施

在市场力量逐渐主导的社会中，不断提升个体自我竞争力，适应市场化、城镇化的市场转型，是理性农民工的必然选择。但目前仍有不少农民工并未意识到这一点，要么重新回到农村，要么以弱势者姿态寻求政府与社会的支持。如何提高农民工的自我开发意识是对其进行人力资本开发的最核心方面。笔者认为，对农民工的个体激励可以从以下几方面入手：

第一，建立技能水平与工资挂钩的工资制度，提高投资收益。实证分析发现，相当一部分农民工不愿意参加职业技能培训的原因在于，他们认为职业技能培训是“形式，花瓶；浪费时间，精力”，不相信通过职业技能培训可以带来更好的收益。部分调查研究发现，农民工岗位等级的工资差距越大，其参加在职培训的意愿越强烈（黄德林、陈永杰，2014），同时有意愿自费参加培训的农民工与其市民化程度具有显著关系，技术培训效果每提高一个等级，其市民化程度就会提高0.37%（黄进，2016）。中小企业可根据农民工的技能和任务完成状况给予不同的工资水平，以促使新生代农民工提高技能，促进企业生产效率。需要注意的是，企业应结合自身发展阶段、行业特点和本区域农民工状况，谨慎地制定薪酬等级管理制度，幅度过小，缺乏吸引力无法实现激励效果，而幅度过大又可能导致不公平现象。同时，尽量使评定标准定量化。

第二，逐步建立农民工技能等级晋升制度，通过参照性对比提升农民工人力资本投资意愿。当农民工看到自己通过人力资本投资所获得的知识技能能够赢得社会认同，实现精神上的满足，则将在消费结构中提升人力资本投资的比重，主动承担人力资本投资成本（马世英，2014）。反之，如果他们认为性价比不高，则会降低支付意愿。在完善技能晋升制度的同时，政府还可以通过免费的方式为农民工进行职业技能鉴定，对鉴定合格者颁发统一的职业资格等级证书。

第三，树立示范典型、营造人力资本投资的社会氛围。对农民工而言，受自身教育程度和信息渠道所限，其消费选择倾向于通过周围亲友或权威机构获得信息，当这一群体成员中的农民工通过人力资本投资获得了较好回报时，其他农民工也将增加人力资本投资意愿。在城市经历了长时间的工作后，有近30%的农民工获得了职业的提升，从而摆脱了传统的农民工形象，提升了自身的经济社会地位（孙垂强、焦振玲，2016）。因此，政府在对人力资本投资重要性的宣传中，要特别注重示范效应，即那些通过人力资本投资提高了自身技能水平而获得了高收入待遇的农民工发挥示范作用，或利用口碑传播的方式，用成功者的亲身经历激励更多的农民工主动参与到人力资本投资中，营造人力资本投资的社会氛围。

第四，建设职业培训基础设施，降低培训成本。政府承担诸如职业培训场地及配套设施的建设、职业培训信息网络系统建设、公益性职业培训咨询平台搭建等具有公共产品属性的职业培训基础设施建设的成本投入。这些职业培训基础设施具有公共产品属性，为社会共同享有，任何个人对该产品（设施）的使用不影响其他人的使用效果，所以政府应当承担社会公共产品建设成本。政府通过对国民收入的再分配，增加教育经费投入比例，运用财政支出手段投资职业培训基础设施建设，为农民工进行职业培训提供丰富的社会公共资源，降低农民工对培训资源的获取成本。政府通过职业培训场地及配套实施的建设，一方面为农民工提供社会福利性质的免费职业培训，为个人支付能力不足的群体提供职业培训机会，增加低技能群体的人力资本存量，提高就业率；另一方面谋求与企业合作，解决因产业结构调整、市场发展变化、技术变革带来的结构性失业问题，增加新技术人才的市场供给。政府通过职业培训信息网络系统建设，整合培训市场资源信息，加强对培训市场的管理，借助公益性职业培训咨询平台，为企业实时提供培训市场信息并提供专业培训咨询指导，帮助企业分析选择合适的外部培训机构、专业培训师、培训课程等外部培训资源开展职业培训活动，降低企业对外部专业培训资源的获取成本，改善职业培训效果。

（2）企业成本分摊的激励机制

企业直接对接生产，比农民工自身和政府等外部组织更了解技能的需要，更了解生产技术的变化，由企业来提供对内部农民工的人力资本投资更具有指向性和精确性。作为自负盈亏、自主经营的经济主体，企业进行员工人力资本投资的动机主要来自对经济利益的追求和外部竞争的市场压力，其对农民工进行职业培训的收益主要来自农民工技能提升带来的劳动生产率提高而产生的边际产品价值的提升，以及企业社会声誉或知名度提高的非货币化收益。然而，目前我国大多数企业仍属于“经营驱动型”企业，以利润为根本导向，生产压力较大，企业和内部农民工都缺乏参与职业培训的时间和精力。特别是农民工受雇的企业大多是中小型个体工商户和私营企业，这些企业主要依靠低成本的劳动力从事劳动密集型生产或服务工作，普遍留不住人才，不愿意“为他人作嫁衣”（王华轲，2016）。因此，对企业内部职业培训的激励主要应关注如何降低企业的培训成本，提高企业的培训收益。

第一，政府财政补贴与税收优惠。20 世纪 90 年代末，我国开始通过财政专项资金对农民工进行各种技能培训，由政府承担一定的农民工职业培训成本，但培训范围小、培训针对性和实用性不强。因此，笔者认为，政府一方面应集中统筹安排农民工培训项目，通过规模效应减低农民工培训总支出；另一方面，将财政资金的一部分用于对企业农民工培训的补贴，弥补企业培训成本的支出。具体而言，政府可以通过职业培训性质（一般培训或特殊培训）、培训的时间、课程、方式、农民工数量等标准制定补贴标准，对企业前一年度的农民工职业培训进行补贴。企业又可以利用这部分财政补贴继续开展下一年的培训活动，以缓解培训的资金压力（张钦清，2016）。同时，政府的统一集中培训可以根据本地区经济发展需要确立紧缺人才培训项目，企业根据自身需要选派员工参加培训计划，培训成本则可按照一定比例在政府和企业间运用专项资金进行分担。

在税收优惠方面，目前，我国对企业职工教育经费[①]的税收政策：“企业发生的职工教育经费支出，不超过工资薪金总额 8%的部分，准予在计算企业所得税应纳税所得额时扣除；超过部分，准予在以后纳税年度结转扣除。”（财

---

① 职工教育经费是指上岗和转岗培训、各类岗位适应性培训、岗位培训、职业技术等级培训、高技能人才培训、专业技术人员继续教育、特种作业人员培训、企业组织的职工外送培训的经费支出，职工参加的职业技能鉴定、职业资格认证等经费支出，购置教学设备与设施，职工岗位自学成才奖励费用，职工教育培训管理费用，有关职工教育的其他开支。

政部，2018）这是目前我国政府在企业开展在职培训方面最重要的一项税收优惠政策。该政策通过税前扣除的方式减轻了企业的所得税负担，分担了部分企业培训成本。但该项政策没有对企业规模类型进行区分，对生存压力较大、大量吸收农民工的中小企业吸引力不够。因此，为了进一步抵消中小企业自身投资能力的不足，应制定针对中小企业农民工职业培训的税收优惠措施。首先，对于吸收农民工达到一定比例的企业提高准予税前扣除的培训成本限额一到两个百分点，以加快提升农民工整体素质和就业能力，增加劳动力市场供给。其次，丰富现有税优模式，采取税前扣除和税前抵免相结合的方式鼓励企业对农民工进行职业培训。税前扣除是一种税基减免，企业获益会因为实际所得税的不同而有所不同。税收抵免则是从企业应纳税款中进行抵扣，企业的实际获益值就是企业所享受的抵免额（方云峰，2016）。最后，有针对性地拓宽现有优惠领域。现有税收优惠主要集中在农民工进入企业的职业培训，而一些企业在农民工进入企业前已经支付了部分职业培训成本，例如一些实行“订单式培训”“现代学徒制”的企业。因此，在完善农民工职业培训税收优惠政策时，可以根据企业职业培训形式的不同，适当拓宽税收优惠的领域。

第二，建立农民工流失补偿机制。人力资本投资理论将在职培训分为一般培训和特殊培训，一般培训获得的技能通常为通用性技能，对所有企业都适用，单个企业无法从该培训中获得收益但要支付成本。因此企业一般不愿意对员工实施一般培训，只愿意提供适用于该企业的特殊技能培训。但我国农民工群体劳动力素质普遍不高，对其的技能培训仍会不可避免地包含一些通用型技能，再由于中小企业农民工流动率较高，培训成本难以通过后续劳动生产率的提高来收回，企业对农民工进行职业培训的积极性受到影响。因此，在“谁受益谁支付”的原则下，应建立企业间由于农民工流动带来的培训成本损失进行相互补偿的激励机制，以降低受训农民工流动风险对企业在职培训意愿的消极影响。这一补偿机制主要应用于对企业非特殊培训成本的补偿，培训成本由提供培训的企业、受训的流动农民工和接收企业共同分摊。首先，提供培训的企业根据培训支出计算出员工个人培训成本，并对培训效果进行评估。其次，在农民工流失并重新就业后，提供培训的企业根据该农民工实际培训成本、培训效果评估、受训后工作年限、新岗位技能要求等要素与受训农民工、接受企业就补偿金额进行协商谈判。这一制度的实施需要政府作为第三方监管者，建立相应的规章制度，并进行相应的引导和监管。

2. 农民工随迁子女义务教育成本分担激励机制

子女随迁是农民工市民化的重要推力。在农民工独自进城务工的情况下，经济层面的得失权衡是其决定去留的关键因素，一旦经济形势出现波动，返乡就是一场“说走就走的旅行”，使得常住人口城市化率出现可逆性波动。而一旦引入随迁子女这个重要的情感变量，出于让子女拥有更好生活、接受更好教育的渴望，进城农民工即便一时失业，也会尽可能留在城市寻找新的工作机会，而非轻言返乡。目前，我国在农民工随迁子女入学上采取“两为主、两纳入”的政策，即以流入地政府管理为主、以公办学校接收为主，同时将流动人口纳入区域教育发展规划、将随迁子女教育纳入财政保障范围，保障流动人口随迁子女接受义务教育。相关数据显示，2016 年全国义务教育阶段在校生中进城务工人员随迁子女达到 1406.63 万人[①]，在校率为 98.7%[②]。从就读的学校类型看，小学年龄段随迁儿童 82.2%在公办学校就读，10.8%在有政府资助的民办学校就读。初中年龄段随迁儿童 85.9%在公办学校就读，9.7%在有政府资助的民办学校就读[③]。2018 年 2 月，教育部下发《关于做好 2018 年普通中小学招生入学工作的通知》，要求“加快建立以居住证为主要依据的义务教育随迁子女入学政策，进一步落实和完善随迁子女接受义务教育后在当地参加升学考试的政策措施”，突破了农民工随迁子女入学的户籍障碍。在本书第四章的测算中可以看到，农民工随迁子女的教育成本平均占到农民工市民化总成本的 40%以上，是农民工市民化最主要的成本。可以预见未来农民工随迁子女在城市中接受义务教育的规模将不断增加，随迁子女义务教育成本也将随之不断提高。而长期以来各地的义务教育资源布局的主要依据是本地户籍学龄人口规模，大量随迁子女涌入给各地的公办义务教育资源带来了沉重压力，流入地公办学校规模难以满足数量庞大的随迁子女入读需求。解决这一问题的关键还是在于如何激励地方政府进一步扩大农民工随迁子女教育规模，以调动地方政府在教育成本分摊上的积极性为主要目标。

(1) 完善教育券制度，降低流入地成本

当前“各级共担、省级统筹”的义务教育财政体制下，流入地县级政府是

---

① 参见《2017 年全国教育事业发展统计公报》。

② 参见《2017 年农民工监测调查报告》。

③ 参见《2017 年农民工监测调查报告》。

事实上的随迁子女义务教育经费配置主体（石宏伟、刘刚，2017）。这种“财权上移、事权下移”的义务教育财政体制严重制约了地方政府的供给能力，导致流入地政府在随迁子女义务教育提供上显得“心有余而力不足”。

2009年以来安徽、浙江、广东等省开始探索农民工随迁子女“教育券”制度，并获得了一定成效。2015年《国务院关于进一步完善城乡义务教育经费保障机制的通知》中提出“创新义务教育转移支付与学生流动相适应的管理机制，实现相关教育经费可携带”，为“教育券”提供了政策依据。这一制度的具体做法：首先，进城农民工在流出地教育部门办理手续领取教育券，流出地教育部门根据承担经费发放相应的教育券金额。其次，进城农民工子女在流入地入学时上交教育券，接纳学校将教育券上交流入地教育部门获取经费。最后，流入地政府向中央财政上报教育券，并获取专项拨款（金雅清、查道林，2013）。这一制度的优越性在于实现了“经费随生源走”，兼顾了进城农民工随迁子女的流动性，提高了教育经费的配置效率，减轻了流入地政府的财政负担（冯文全、许晨莺，2013）。同时，教育券的实施也能够有效解决中央财政对农民工随迁子女教育补贴进行统一支付的操作难题。由于我国区域发展不均衡，各地义务教育成本差别较大，并且中央政府对农民工流动信息掌握不够全面，存在地方政府通过上报虚假数据套取中央财政资金的风险。有效实施这一制度的关键在于教育券的金额及各方承担比例。对于流出地政府而言，农民工子女的迁出意味着本地义务教育财政负担的减轻，可以分担一部分随迁子女的教育成本。但农民工市民化意味着本地人力资源的减少，不能通过公共财政的投入获得收益，因此地方政府不可能按照当地全部生均投入的金额发放教育券，所提供的只能是部分生均投入和上级财政对其进行的补贴。同时，在现有教育财政体制下，中央财政对义务教育经费的投入仍然较少，以2016年为例，中央财政全年城乡义务教育补助经费为1345亿元，生均不足1000元，仅为跨省流动成本的2%左右。因此，对于跨省流动的农民工除了将中央义务教育财政补贴以教育券的形式从流出地向流入地进行转移外，需要进一步提高教育券的补贴金额，以减轻流入地政府的财政压力。同时，对于流出地政府所能负担的比例需要各地政府间进行有效协调。另外，为保证教育券的有效发放和管理，应逐步建立全国联网的义务教育学生信息管理系统，及时跟踪了解学生入学、转学、退学的情况。

(2) 提高区县级人居关系相关税种分成比例

目前，区县一级政府承担了70%左右的义务教育成本，一个县四分之一的财政支出用于教育（黄佩华、迪帕克等，2003）。随着农民工随迁子女的流入，在没有其他转移性收入来源的情况下，这一成本将是难以承受的。在我国财政收入体制中，增值税、企业所得税和土地出让金是地方税收收入的主要来源。作为义务教育成本主要承担者的区县一级政府能够获得的税收收入主要包括个人所得税（25%）、企业所得税（25%）、地方教育费附加（90%～100%）等几项税收，在房产税、消费税、城市建设维护税、土地增值税等与人居关系密切的税种上均不能获得分成。这种财政收入结构下，以资本增量带来本地税收增长和土地收益增加，致使地方财政收入增长的特点决定了地方政府在以通过推动经济增长来实现本地财政收入最大化的竞争中，对资本这一流动性较强的稀缺要素具有近乎本能的强烈兴趣（王金秀、方海波，2008），而劳动力要求的对地方财政的贡献度并不明显。在地方政府看来，基础设施的完善能够直接获得税收回报，属于生产性支出，而义务教育等方面的支出属于消费性支出。因而，在基础设施建设等容易赢得资本要素的公共产品上表现出强烈的积极性，对于包括教育在内的一些吸引劳动力要素流入方面的公共产品提供上则过多强调资源不足等方面的困难（张杰庭，2009）。所以，需要通过调整地方特别是区县财政收入结构，让地方政府感受到劳动力要素对地方财政的直接贡献来调动其解决农民工随迁子女义务教育的积极性。笔者建议将财产税、个人所得税等与人居环境密切相关的税种确定为县级政府财政收入的主要来源。财产税是一种典型的受益税，体现了“取之于民，用之于民”的思想（史桂芬、马思，2014）。纳税人所缴纳的财产税实际上是为其所居住的辖区支付的使用费（Poutvarap，2006），财产税被直接用于改善本地公共服务质量，提高本地基础教育质量，使得本地纳税人成为这一税收的直接享受者，既保证了纳税人纳税的积极性，又提高了资金使用的透明度。同时，本地教育质量的改善不仅使得本地居民人力资本的增加，还能够提高本地区房产等财产的价格。因此，美国等国家普遍将财产税作为教育费用的主要来源。这种“以脚投票”机制带来的财产税收入的增加促使地方政府在公共教育提供上更有效率（王金秀、方海波，2008）。个人所得税则是体现劳动者人力资本价值的税种，扩大区县一级政府在个人所得税上的提成比例，将提高劳动力要素对流入地财政收入的贡献率，流入地政府吸纳外来人口的动力也将随之提高。而吸引外来人口的一个重要方面就是优化包括教育在内的公共服务质量。另外，还可以适当调低资本项目征税的税率，使企业将更多的剩余转化为农民工工资，增强农民工的纳税能力，同时，提高政府履行农民工随迁子女义务教育责任的意识和积极性。通过上述税制改革，区县政府必然将吸引农民工到本地区工作和生活，以增加本级财政收入作为重要的工作目标，义务教育等公共产品的改善也将成为这一目标的前提和结果，从而形成区县级政府间围绕改善农民工随迁子女义务教育质量展开竞争的蒂布特效应（王金秀、方海波，2008）。

（3）优化义务教育评价与监督机制

我国在农民工随迁子女义务教育入学上实行“两为主、两纳入”的政策，但目前各地政策执行方面存在着较大的偏差。其主要表现：第一，政策象征性执行，一些流入地政府仅进行表面宣传，实际工作中缺乏可操作性的具体措施，政策执行主体迫于上级政策压力象征性地接受部分农民工随迁子女进入全日制公立学校；一些流入地政府虽然接受大部分农民工子女进入公立学校，但这些学校多是一些位于城市周边且资源相对缺乏的学校，中心城市教育资源被保留下来给本地户籍学生（冯帮、刘安菱，2017）。第二，附加性执行，在接收农民工随迁子女入学时往往附加一些政策之外对自身有利的规定，如长三角地区实行的“积分制”入学，根据流动人口学历、服务年限、参保年限等多项指标实行积分累计，并根据积分高低接受外地生源进入公办学校就读（岳伟、于利晶，2013）。多数地方农民工随迁子女入学的基本条件就是“合法稳定居住、合法稳定就业”，但能够符合相关条件的农民工不足40%（冯帮、刘安菱，2017），也就导致大部分农民工无法将子女接入工作地就读，只能将其留在老家。第三，选择性执行，一些地方在政策执行中仅执行对自身有利的政策部分，对不利于自己利益的部分进行曲解或消极执行。有的地方在执行中只执行“以全日制公办学校为主”的就近入学政策，而对借读费、赞助费、服装费、上网费等各种收费名目睁一只眼闭一只眼（杨东平、秦红宇、魏佳羽，2016）。

出现政策执行偏差的原因，一方面在于现有义务教育考核评估机制未能充分体现对包括农民工随迁子女在内的流动儿童入学的政策执行，另一方面在政策监督、惩罚机制上存在不力或缺失。在考核评估方面，我国地方政府除了有实现本地财政收入最大化的内在要求，还要完成上级的各项考核任务。能否在考核中获得好的绩效不仅影响其在与其他地区竞争中的排名，也是衡量地方政府官员政绩的重要标准。从目前各省关于义务教育学校办学基本标准、县域义务教育均衡发展工作督导评估指标体系等相关规定中可以看到，“随迁子女就读”一项占“县域义务教育均衡发展工作督导评估指标”中的2～5分，要申请“义务教育发展基本均衡县”，一般需“义务教育学校办学基本标准”评估达到80～85分及以上。而义务教育学校办学基本标准评估基本上是以各类生均指标作为评估标准。在教育支出既定的情况下，为保证这些指标能够实现，各地只好采取压缩在校生人数，减少“分母”的办法，在统计口径上只计算户籍人口，将非户籍人口排除在外。如果纳入非户籍的农民工随迁子女，势必会稀释本地义务教育资源，降低本地考核指标水平，导致其在与同级政府的竞争中处于劣势。由此可见，现有评价考核体制导致了地方政府在财政支出上优先考虑本地户籍居民的公共服务支出，对农民工随迁子女的义务教育产生负激励。在监督机制方面，我国虽然设有专门的教育督导对相关机构进行监督检查，但“两为主”政策在制定时没有涉及对政策目标未完成的责任追究等强制性惩罚措施，导致政策在执行过程中出现随意扭曲、变形失真等现象。一方面，现有政策执行责任模糊不清，如政策要求以流入地公办学校为主，但公办学校究竟应以多大比例接收却没有一个合理、统一的监督标准；另一方面，农民工随迁子女入学涉及教育、公安、财政、劳动保障等多个执行主体，但执行中的权利和责任并没有在政策中明确说明，导致职责不清，各部门之间缺乏有效沟通协调，出现政策执行的“真空地带”，为政策监督带来很大困难（岳伟、于利晶，2013）。因此需要通过完善监督问责机制以反向激励的方式来推动政府的履职。首先，在地方义务教育评估指标体系中增加农民工随迁子女入学考核的权重，细化公办学校对随迁子女纳入比例，同时，将农民工子女入学经费保障机制纳入评估指标中，以作为责任追究的标准和依据。其次，完善“两为主、两纳入”政策，建立相关责任追究处罚机制，明确各执行主体应承担的责任。

3. 农民工市民化住房成本分摊激励机制

住房是农民工在城市生存发展的刚需条件，也是农民工成为“新市民”的重要标志。没有稳定的住房条件，农民工市民化只能成为一纸空谈。住房成本是为保障农民工市民化转型后能在城市安居而必须进行的最低资金投入，是农民工市民化转型的重要组成部分。解决好农民工的城镇住房问题是推进农民工市民化的关键之一（陈锡文，2013）。相关调查发现，多数农民工愿意在目前就业城市购房，拟在城市买房的农民工约占21%。可见，目前大中城市高昂的商品化价格远远高出绝大多数农民工的支付能力。住房问题也就成为阻碍城镇化、阻碍农民工市民化、降低农民工进城意愿的重要原因之一（陈宝华，2018）。在居住方式上，购房的农民工仅为17.8%，其中购买商品房的农民工占16.5%，购买保障性住房和租赁公租房的农民工不足3%。租房居住的农民工占62.4%，其中租赁私房的农民工占61%，另外，还有13.4%的农民工由单位或雇主提供住房[1]。在租房、买房和单位住房三种形式上存在明显的成本差异，购房成本较高，租房成本主要为租金、物业、水电等成本。2017 年全国 50 个主要城市平均房租收入比为 32%[2]，平均租金价格为 30.45 元/平方米，按进城农民工人均居住面积 19.8 平方米计算[3]，每个租房农民工平均需要支付每月 600 元左右的租金，占到农民工平均月收入的 16%左右，再加上物业、水电气等费用，居住成本将达到农民工收入的 20%左右。为了尽可能减少生活成本，农民工主要通过“非正式住房租赁市场”解决居住问题，主要房源是城市低端住房或者“非正式住房”（陈宝华，2018）。目前农民工工资增长率低于城市住宅租金增长率，未来农民工租房成本将持续增加。对于企业提供的集体住房，农民工的支出主要集中在水电气等生活成本方面，但这种形式只能作为短期居住，不能成为农民工市民化后的主要居住形式。因此，农民工市民化进程中住房成本的分摊主要考虑购房、私人住房租赁和公共住房租赁的成本，根据住房形式的差异分层次确定成本分摊及激励机制。在激励机制方面，对于有一定能力并有意愿购买商品房的农民工，考虑增加其购房支付能力，刺激需求；对于短期尚无能力购房但收入水平不低的农民工，通过降低租金成本或拓宽资金获取渠道鼓励其租房；对于收入水平较低的农民工，则需要对政府保障性住房的供给进行有效激励（见表 7-3）。

表 7-3　农民工市民化进程中的住房成本分摊激励

激励对象	激励措施	激励目标
有意愿和能力购买商品房的农民工	增加财产性收入，纳入住房公积金制度	购买城市商品房
短期无能力购房但收入水平中等的农民工	扩大房源供给、降低租金成本	改善租住环境
政府		将低收入农民工纳入保障性住房政策

（1）构建多种方式相结合的农民工农村宅基地退出补偿机制

前文中提到，建立完善农村土地流转体制，可以为农民工创造一定的收

① 参见《2016 年农民工监测调查报告》。

② 智研咨询，2017 年全国 50 城房租收入对比排行情况分析［OB/OL］，https://www.chyxx.com/industry/201709/561973.html，2017-9-13。

③ 参见《2017 年农民工监测调查报告》。

益，冲抵农民工自身对市民化成本的分担压力，激励农民工个体对市民化的成本分担；同时，吸引市场参与，利用市场机制降低土地流转的交易成本发挥市场对农民工市民化的贡献作用，从侧面激励市场参与到农民工市民化成本分担中。就住房成本激励而言，农村住房和宅基地原本在农村承担了农民的住房保障功能，享有宅基地使用权和宅基地上的房屋不仅是农民居住的保障，也是农民最重要的财富（王小莹，2013）。然而，随着我国全面深化改革的推进，农村转移人口全方位“离土离乡”是大势所趋。农民工市民化过程中，其在农村的住宅和宅基地的住房保障功能逐渐弱化，农村宅基地被闲置，宅基地对农民工的意义逐渐转变为单一的财产功能。农民工市民化进程中，其家庭需要相当大的财力和成本支持，特别是在住房和子女教育方面。通过宅基地的流转或退出，充分实现宅基地的财产价值能够增加其家庭财产性收入，有效分担进城农民工的城市住房成本，改善其住房条件。

目前的一些调查发现，进城落户农民工对宅基地使用权进行处置的积极性不高，有一半的农民工表示不愿意退出宅基地，超过九成的进城落户农民工都保留了自己的宅基地（张勇，2018）。农民工宅基地退出意愿不强、操作困难的主要原因在于：其一，现行农村宅基地制度是对农民的一种福利安排，无偿、无限期使用，对农民而言没有留置成本，农民倾向于尽可能多地占有宅基地。现有宅基地退出涉及拆旧、复垦、还建等工程，结余建设用地指标只能在县级行政区域内使用，宅基地退出补偿标准较低，农民不能实现价值最大化，对宅基地宁可闲置也不会退出（吴燕辉，2018）。其二，农村宅基地退出与城镇住房保障衔接和转化机制缺失，农民工在城镇无法申请经济适用房、廉租房等，也得不到城镇住房公积金。此外在城镇定居的住房花费高，农民工较为担忧，因此不愿退出宅基地，这使得农村宅基地的闲置情况加剧。其三，对于宅基地退出，相关法律法规不完善。《土地管理法》等对农村宅基地转让、退出、出租等利用都进行了严格限制。在产权性质上，农村宅基地属于集体所有，宅基地流转局限于本村，流转用途单一。因此，要有效激励农民工城市住房成本分摊，增强其负担能力，需要进一步完善农民工农村宅基地退出补偿机制。

笔者认为，对农民工退宅补偿的基本思路是，充分尊重农民工意愿，为其提供货币、住房、城镇社保等多种形式相结合，可供农民工自由选择的菜单式补偿机制。在货币补偿方面，建立宅基地有偿退出的利益导向机制。在农村宅基地退出过程中，应引入第三方评估机构，独立、客观、公正、科学地评估宅基地价格，作为退宅农民工受偿额度的主要依据。根据评估价格，对于退出宅基地的农民工应根据其因宅基地退出而造成的建筑物及其附着物的价值损失给予应有的赔偿，对补偿部分做到应补尽补，补偿利益适当向农民工倾斜，确保农民工退出宅基地后所获得的福利大于持有宅基地时的福利。在住房保障方面，构建农民工宅基地流转与城市住房保障的衔接机制。2016 年出台的《关于建立城镇建设用地增加规模同吸纳农业转移人口落户数量挂钩机制的实施意见》为农民工宅基地退出与城市住房保障衔接提供了顶层设计和思路。重庆、天津、广州等市在政策机制上做出了有益探索。其具体做法如表 7-4 所示。

表 7-4　重庆、天津、广州三地农民工宅基地与保障性住房衔接模式（娄文龙、周海欣、张娟，2018）

地区	平台	对象	方式
重庆	农村土地交易所	本地农民工	农村建设用地转换为地票，获取公租房资格
天津	镇政府	本地近郊农民工	宅基地换房，就地城镇化
广州	农村集体资产交易平台	本市的外地农民工和城镇户籍人员	捆绑经营性住房和保障性住房用地，提供以公租房为主的保障性住房

我国各地经济和城镇化水平存在较大差异，宅基地流转后的收益差别较大。在地段较好或经济发达地区，宅基地可以就地转化为城市建设用地，经济效益较高，而在经济欠发达地区退出后的宅基地只能用于复垦，很难马上产生效益。因此，对于退出补偿应设计多种方案针对不同类型的宅基地进行处理，对条件较好的宅基地可以通过市场主导对其进行合理折现，凸显市场价值；对于暂时无法产生收益的宅基地应以政府为主导，通过流出地和流入地政府的有效衔接，赋予宅基地发展权，保证其长远收益（娄文龙、周海欣、张娟，2018）。

（2）完善农民工住房公积金制度

现阶段，缺乏有效的金融支出手段已成为农民工住房消费的一大障碍，农民工在城市住房消费中几乎不能获得有效的金融支持。由于职业稳定性和收入水平等问题，商业银行缺乏向农民工提供住房贷款的动力。对难以获得商业性贷款的农民工来说，为其提供政策性金融支持不失为一条好的思路。2005 年建设部发布《关于住房公积金管理若干具体问题的指导意见》，提出“城镇单位聘用的进城务工人员、城镇个体工商户、自由职业人员可申请缴存住房公积金”。2006 年《国务院关于解决农民工问题的若干意见》中，再次明确指出

“有条件的地方，城镇单位聘用农民工，用人单位和个人可缴存住房公积金，用于农民工购买或租赁自住住房”。随后，各省（区、市）迅速出台相关办法和执行计划，农民工公积金制度成为这一时期一系列城乡统筹政策中推动最快的政策之一（祝仲坤，2017）。然而，十多年来，这一制度的总体效果却不尽如人意，农民工公积金参保率仅为5.5%①，绝大多数农民工仍然不能通过住房公积金来获得住房贷款。从目前各地的运行情况看，住房公积金分块管理、农民工工作变化带来的缴存困难、公积金使用不便等因素导致了农民工自身和地方政府双方的积极性都不高。因此，需要进一步完善当前制度，建立一种既符合农民工利益又方便其住房消费的住房公积金制度。首先，加快推动全国住房公积金异地转移接续，针对农民工采取更灵活的缴存方式。通过全国住房公积金异地转移接续平台为农民工建立一个永久性的公积金账户，对于暂时返乡的农民工可以保留其公积金账户作为接续公积金关系的依据。其次，遵循自愿原则，降低农民工公积金缴存门槛，允许农民工凭借身份证等信息自行到当地住房公积金管理中心建立公积金账户并自行缴存。在缴存比例上可对农民工执行5%的最低标准，力求使有缴存意愿的农民工都能获得参保资格。再次，适当放宽农民工提取、使用公积金的限制，将租房纳入农民工公积金的使用范围。《住房公积金管理条例》中规定的“提取公积金用于缴纳房屋租金中超过一定标准的部分”，对租用大量廉价房屋的农民工而言显然不合理。笔者建议应允许在市场上租赁房屋的农民工使用其住房公积金缴纳其全部租金。同时，允许已购房的农民工使用公积金支付物业管理、装修等居住费用。最后，针对农民工实行灵活的还款方式。目前住房公积金贷款与商业贷款的还款方式均为按月还本付息，对具有稳定收入的城镇职工来说压力较小。但对于收入分布不均匀的农民工而言可能会存在一定的压力，一些农民工具备年度还款能力，但收入现金流与月度还款支出不匹配。因此，应结合农民工收入特点设置灵活的还款方式，如按季度或半年度还款，并允许其在不同的还款方式间转换（彭加亮等，2016）。

(3) 运用集体土地租赁住房建设为农民工增加房源供给

2017年7月，国土资源部、住房和城乡建设部联合发布了《利用集体建设用地建设租赁住房试点方案》，宣布将北京、广州、沈阳、杭州等13个城市纳入试点。该方案的出台无疑有利于用地指标紧张的城市加快租赁房源供应，

① 参见《2014年全国农民工监测调查报告》。

完善购租并举的住房供应体系，有效降低农民工租房成本并改善居住环境。集体用地因为土地价格相对较低，对于农民工而言，这些租赁住房主要在城乡接合部或农民工集中的开发区，租金成本相对较低。如紧靠上海虹桥机场和地铁的联明雅苑比周边同类出租房的市场租金要低 20%以上（佚名，2017）。在目前出台的各试点城市的方案中，各地也均将试点建设区域确定在一些流动人口集中的区域（见表 7-5）。

表 7-5　部分试点城市选址与承租人权利方案比较

试点城市	试点选址	承租人权利
成都	高新东区、淮州新城、简州新城、天府新区、成都经济技术开发区等“东进南拓”区域，特色镇周边	承租人可按照成都市有关规定凭登记备案的住房租赁合同依法申领居住证，享受规定的基本公共服务
广州	中心城区商业、办公密集区域、大型产业园区、高校集中区域周边等	可依法申领居住证，享受义务教育、医疗等国家规定的基本公共服务。保护承租人的稳定居住权
杭州	围绕城西科创大走廊、城东智造大走廊、钱塘江金融港湾以及各类开发区（园区）产业发展的需要，结合人才引进、外来务工人员居住需求，合理布局集体建设用地租赁住房	根据承租人的实际需求，合理配套及管理设施
合肥	租赁住房需求量较大的中心城区以及高新区、经开区、新站区，肥东县、肥西县与市区相邻的城乡接合部	建立健全对非本地户籍承租人的社会保障机制，承租人在义务教育、卫生服务、养老服务、社会保险、就业创业服务、住房公积金、户籍准入、民主政治权利、临时救助等基本公共服务的权益
南京	根据农村存量集体建设用地现状分布情况，综合选取产业集聚度较高、区域配套设施完善、居住需求旺盛、建设规模适中、便于实施启动的地块	提供人口和治安管理、义务教育、基本医疗、计划生育、公共卫生、健康促进、基本养老、就业服务、社会保障、社区事务等基本公共服务
沈阳	有较大人口住宿需求的区域。特别是满足外来务工人员等新市民居住需求的城乡接合部，或者是新毕业大学生较为集中的产业园、科技园、创新园、自贸区等功能园区附近	连续足额缴存住房公积金满三个月，可凭租赁备案证明提取夫妻双方住房公积金支付房租；承租人纳入居住地教育、医疗管理体系，享受沈阳市医疗服务项目及所在地义务教育，并将符合条件的集体租赁住房承租人纳入社保体系

续表7－5

试点城市	试点选址	承租人权利
武汉	选址重点在产业园区、科创园区、大学园区等周边	承租人享有的公共服务权利都在“住房租赁市场试点”中进行探索
肇庆	优先在产业比较完备、居住配套相对不足的区域布局	落实职工提取住房公积金支付房租政策；逐步实现承租人可按有关规定凭登记备案的住房租赁合同申领居住证，按照有关政策享受义务教育、医疗等基本公共服务
佛山	符合土地利用总体规划、城乡规划及村土地利用规划，租赁住房市场需求大的区域	承租人可按照国家有关规定凭登记备案的住房租赁合同依法申领居住证，逐步享受新市民有关义务教育、医疗等基本公共服务
郑州	针对郑东新区各类域外迁入产业企业较多，本地及外来人才自住房、租赁住房需求较大的实际情况，初步选定龙子湖北部区域和白沙园区区域设立五个项目	承租人可按照国家有关规定凭登记备案的住房租赁合同依法申领居住证，居住满三年后享受规定的市民待遇及社会保障机制

资料来源：根据各试点城市方案整理。

除了在选址与租金上符合农民工居住区域和收入水平外，多数试点城市还规定了承租人按照市民待遇享受教育、医疗等基本公共服务的相应权利，能够有效促进农民工向新市民的转变。集体建设用地建设租赁住房多采取市场化运营模式，政府主要对合同签订、交易价格、服务平台进行服务和监管，随着这一类型房源的增加，将减少当地保障性住房的需求，能够很好地降低政府在农民工市民化进程中所负担的保障性住房供给的成本。因此，笔者认为，大力推动集体建设用地租赁住房建设，并在建设过程中设置相应的农民工租赁优惠政策，能够有效地激励农民工和政府主动承担农民工市民化的住房成本，对农民工快速实现市民化有极大的推动作用。在建设过程中进一步加大政府和金融机构的金融、税费政策的支持力度，对相关税收、行政事业性收费、政府性基金等进行减免，以增加租赁住房的供给。同时，根据农民工实际情况对其进行相应的租金补贴，以刺激农民工利用集体建设用地租赁住房解决其住房问题。

4. 农民工社会保险成本负担激励机制

获得与城镇职工相当的劳动保障是农民工实现市民化身份转变的关键，然而目前绝大多数农民工并未被城镇职工社会保险覆盖，基本社会保障仍未纳入城乡居民基本养老、医疗制度中，与其所从事的劳动形式和面临的职业风险不相匹配（见表7－6）。

表7－6　2014年农民工参加“五险一金”的比例　（单位：%）

	工伤保险	医疗保险	养老保险	失业保险	生育保险	住房公积金
合计	26.2	17.6	16.7	10.5	7.8	5.5
其中：外出农民工	29.7	18.2	16.4	9.8	7.1	5.6
本地农民工	21.1	16.8	17.2	11.5	8.7	5.3

（1）劳动合同签订

农民工是否与所在企业签订劳动合同，是其维护合法权益的关键。《中华人民共和国劳动合同法》实施以来，农民工劳动合同签订率仍然较低。从经济学、社会学、法学的角度来看，劳动合同签订率低主要有经济、制度、法律意识等原因。政府应多措并举以提高农民工劳动合同签订率；应加大对企业的违法成本，加强劳动行政部门的监管力度，同时也要提升农民工的权利意识。表7－7为2015年至2016年农民工签订劳动合同情况。

表7－7　农民工签订劳动合同情况　（单位：%）

	无固定期限劳动合同	一年以下劳动合同	一年及以上劳动合同	没有劳动合同
2015年农民工合计	12.9	3.4	19.9	63.8
其中：外出农民工	13.6	4.0	22.1	60.3
本地农民工	12.0	2.5	17.1	68.3
2016年农民工合计	12.0	3.3	19.8	64.9
其中：外出农民工	12.4	4.2	21.6	61.8
本地农民工	11.5	2.2	17.7	68.6

（2）适时适度降低费率和缴费基数

农民工主要流入地的劳动力结构较为年轻，实际费率远低于国家名义费率，如广东省养老保险实际费率仅为9%，浙江为13%。因此，在农民工主要流入地存在一定的养老保险费率降低空间。目前，一个省的社会平均工资只统计非私营企业，而农民工比较集中的企业恰恰多数是私营企业，因此，每年公布的社会平均工资对于农民工来说偏高，应把私营企业在岗职工平均工资纳入统计口径，形成合理的缴费基数，降低企业用工成本，减少选择性参保、未全员参保现象。

（3）灵活缴费方式

基于农民工收入不高的现状，建议社会保险经办机构可以采用按月、按季等灵活的缴费方式，使农民工结合自身经济情况来缴纳社会保险，从而提高其参保意愿。

五、本章小结

本章在前述理论分析的基础上，界定了农民工市民化的成本分担主体，分析了当前农民工市民化成本分担困境，提出应构建农民工市民化成本分担激励机制，并由此制定出一系列农民工市民化成本分担的具体措施。

首先，从社会成本和成本—效益的视角分析，农民工市民化成本分担主体应包含农民工个体、企业和政府。其中，农民工市民化产生的公共成本由政府主要承担，农民工市民化产生的就业成本等其他外部成本由企业相应分担，农民工市民化的私人生存发展成本由农民工自己承担。另外，引入市场化行为可有效降低政府的公共成本和农民的私人成本，使市场成为农民工市民化成本的又一主体。

其次，当前农民工市民化成本分担还面临不少的困境，一是分担机制尚未完善和落实，成本分担工作推进严重落后于人口城镇化进程；二是成本分担的实际参与主体在现实中的二元发展，政府和农民工承压较大；三是受本位主义和经济理性制约，政府间的分担工作未能协调推进；四是缺乏有效的法律监管，企业分担的成本普遍不到位；五是农民工的流动性风险直接导致各主体成本分担积极性不高。这些困境极大地阻碍了农民工市民化的顺利发展。

再次，基于农民工市民化成本分担面临的困境，本书提出应着力构建农民工市民化成本分担激励机制，秉承针对性、可行性与奖惩并用的原则，从法律制度完善、政策体系推进和工作机制健全这三个层面作为机制构建的主要内容，以解决农民工市民化成本分担的激励问题，达成激励效果。然后，从成本分摊主体负担能力和农民工市民化主要成本分摊的视角出发，提出了一系列的具体措施，以完善成本分担激励机制的制定。

最后，综上所述，本课题认为，基于农民工市民化成本分担主体的界定以及农民工市民化成本分担困境的分析，构建农民工市民化成本分担激励机制是十分必要的。在机制构建的过程中，应牢牢遵循针对性、可行性与奖惩并用的原则，并结合实际情况设计出科学合理的激励机制。

第八章　研究结论与政策建议

一、研究结论

第一，随着政府分担成本对农民工市民化激励效应的增强，中央政府、流出地政府、流入地政府都将选择更高的成本分担比例，农民工需要分担的市民化成本比例将随之降低。此时，中央政府、流出地政府、流入地政府、农民工等相关主体在市民化过程中都能够获得更多的净效用，越来越多的农民工将选择市民化。但是，当成本分担对农民工市民化激励效应超过一定水平时，流出地、流入地政府将不愿意承担过高的收益风险。

第二，随着农民工市民化成本或者成本系数的不断增加，为了降低自身所分担的市民化成本，中央政府、流出地政府、流入地政府都将选择更低的成本分担比例，而农民工将不得不分担更多的市民化成本比例。此时，中央政府、流出地政府、流入地政府所分担的市民化成本将下降，农民工分担的市民化成本将上升，中央政府、流出地政府、流入地政府、农民工等相关主体在市民化过程中所获净效用将下降。这将打击农民工市民化的积极性，使得越来越多的农民工不愿意选择市民化。

第三，随着自愿分担全部成本的农民工市民化量的增加，中央政府、流出地政府、流入地政府都将选择更低的成本分担比例，而农民工将不得不分担更多的市民化成本比例。此时，中央政府、流出地政府、流入地政府所分担的市民化成本将下降，农民工分担的市民化成本将上升，当农民工在市民化过程中所获收益较低时，随着自愿分担全部成本的农民工市民化量的增加，农民工选择市民化所获净效用将下降。只有当农民工收益增加到一定水平时，农民工选择市民化所获净效用才会不断上升。虽然分担更多的市民化成本比例将打击一些经济条件较差的农民工市民化积极性，但部分经济条件较好的农民工市民化量不断增加，总的农民工市民化量将上升。

第四，随着中央政府、流入地政府在GDP增长和税收增长等方面收益以及流出地政府土地增值收益的不断增加，中央政府、流入地政府、流出地政府具有更强的市民化成本分担能力，愿意选择更高的成本分担比例。此时，其他相关主体可以分担较低的市民化成本，使得农民工选择市民化能够获得更多的净效用。这将调动农民工市民化的积极性，使得越来越多的农民工选择市民化。

第五，当地方政府的风险规避度和农民工市民化的不确定性不断上升时，流出地、流入地政府既不愿意选择更高的成本分担比例，也不愿意承担更多收益风险。此时，农民工市民化量不断减少，中央政府从中所获效用将下降，在非对称信息下遭受的效用损失将上升。

第六，当中央政府提高农民工市民化奖惩力度时，流出地、流入地政府既不会改变成本分担比例，也不愿意承担更多收益风险。此时，农民工市民化量保持不变，中央政府能够获得更多效用。所以，引入农民工市民化奖惩力度并不能改变流出地、流入地政府的成本分担比例和农民工市民化量，而中央政府能够从奖惩机制中获得“渔翁之利”，即流出地、流入地政府效用将下降。

二、政策建议

1. 改革完善财政分权体制，激励政府分担

政府是农民工市民化成本分担的首要责任主体，它的分担行为直接决定了农民工市民化的效率与效果，因此必须予以充分的激励。考虑到无论是理论分析还是现实层面，政府提供公共产品的行为均受制于经济理性，对其相应的有效激励也应该是由与此相关的理论探讨而来的主要激励手段——财政分权。

财政分权是基于经济学对公共产品供给讨论的基础上而广泛兴起的理论与实践，早期的财政分权理论者认为财政分权可以有效激励地方政府提供公共产品或公共服务的供给（罗伟卿，2010）。当代财政分权理论者则超出并摆脱了公共产品供给的分析范式，认为财政分权会使地方政府更倾向于经济自利，同时在没有对政府官员的激励下，作为“经济人”的地方政府的行为可能会偏离对地方公共利益的追求，陷入“政绩困局”（邵梦洁、盛明科，2013）。但无论如何，财政分权追求的是公共资源的配置效率，兼顾了经济效率和公平性，并

能够体现现代民主精神，因此合理的财政分权体制也能够使公共产品的成本分摊与收益挂钩（李齐云，2003）。目前，财政分权体制已经在世界范围内得到广泛应用，有必要对中央政府和地方政府以及政府与地方居民的利益关系进行协调。

（1）我国现行财政分权体制对政府分担农民工市民化成本激励的不足

我国的财政分权体制经历了三次大的变动（张千帆，2011），直到1994年的分税制实施后才趋于稳定。从现实层面分析，我国以分税制为主的财政分权体制，使地方政府获取了一定的财政自主权，较大激励了地方政府推进本地经济社会发展的积极性，但在体制深化缓慢和机制建设不完善等背景下，具体到农民工市民化成本分担的实践中，却缺乏对各级政府必要的激励。

一是“中国的财政分权依然具有很强的非规范性色彩”（刘星、文政，2008），在法律上对各级政府在农民工市民化层面的支出责任划分不明确，尤其在涉及农民工市民化所需的城镇基础建设、公共医疗卫生、随迁子女义务教育和社会保障等具有共同承担责任的支出项目上，各级政府的法律权责没有明晰，从而缺乏对各级政府在农民工市民化分担行为上的约束效力。

二是作为农民工市民化成本分担主体的“市、县级政府没有得到相应的财权”（阎坤、陈昌盛，2003），且各级政府的财政转移支付总体上仍按照基数确定，不能有效面对新的发展形势，结合各地经济社会发展实情和农民工市民化所需的公共财政支出等因素合理分配。这对于本就有财政资金压力的中小城镇政府来说，在对农民工市民化所需的公共产品供给上难以为继，丧失成本分担的积极性。

三是按现行的财政转移支付框架，中央政府的财政转移支付不能直达省级以下政府，且各级政府缺乏对农民工市民化的专项资金拨付，也没有相应配套的奖励基金，使基层城镇政府缺乏对涉及农民工市民化所需的公共产品尤其是外部效应较大的公共产品的供给积极性。

四是缺乏针对性的监督和考核工作机制。在行政层面上，缺乏完善的财政转移支付资金的审计工作机制，同时并未将财政支出中涉及农民工市民化成本分担的资金使用效果等充分纳入政府的绩效考核内容中，在奖惩制度上没有相应的工作机制，从而使各级政府对农民工市民化成本分担行为缺乏工作落实层面的约束和激励。

(2) 财政分权激励机制构建设想

农民工市民化成本分担既属于地方公共事务，也会产生对我国经济社会发展具备强大外部效应的政府行为。基于前述我国现行财政分权体制对各级政府在农民工市民化成本分担行为中的激励不足问题，本课题相应提出了针对性的财政分权激励机制构建设想，如图 8-1 所示。

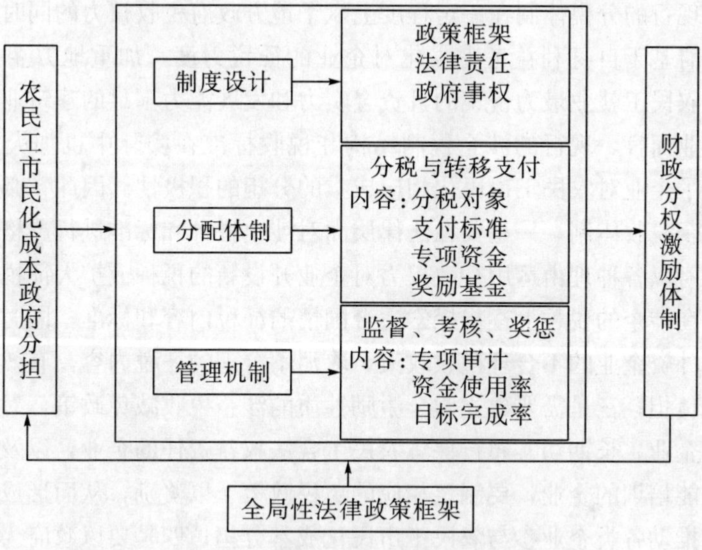

图 8-1 财政分权激励机制构建方案

首先，要通过法律和政策手段明确各级政府对农民工市民化的事权范围及其成本分担责任，对农民工市民化所需提供的公共产品或服务支出，外部效应覆盖全国或跨省的由中央政府承担，跨省级以下区域的由本区域最上级政府承担，外部效应仅限于区域内的由当地政府承担。

其次，要在当前主要的中央政府、省级政府两级分税框架下进行分税对象纵深改革，完善统一省级政府对市、县级政府的财政转移支付方案。同时在支付标准上由基数为主向基数和因素综合转变，要将城镇的经济社会发展现实与农民工市民化实际需要情况等因素纳入考虑中；要建立农民工市民化的专项财政补助资金和奖励基金，可由中央政府直接下达到省级政府并严格要求省级政府按标准下达到市、县级政府，在财政条件允许的地方，省级政府也可以指定相应专项资金补助和奖励资金补助方案对市、县级政府进行激励。

最后，要健全和完善对农民工市民化成本分担的财政分权工作管理机制，保障体制激励的落实。要相应配套农民工市民化成本分担激励专项资金的审计工作机制，加大对资金的审计监督力度。同时要逐步建立健全农民工市民化成本分担的绩效考核指标体系，将农民工市民化成本分担的绩效考核纳入政府绩效考核体系中，实施严格的奖惩制度以规范各级政府的农民工市民化成本分担行为。

2. 深化完善涉企税收体制，激励企业分担

我国现行的分税体制在一定程度上赋予地方政府税收权力的同时，也会诱使地方政府基于自身利益考虑强化对企业的征税力度，加重地方企业税收负担。对于农民工就业最为密集的且资金实力和发展能力不足的建筑业和制造业等中小企业而言，现行的涉企税制结构和税收标准在实际中也加大了企业负担，打击了企业对农民工市民化相应成本的分担的积极性。因此，必须适当改革深化涉企税收体制，一是要在法律层面对涉企税种和标准进行严格规定，避免一些政府以各种理由运用行政权力对企业开设新的税种或扩大征税标准；二是政府要在涉企的税种上逐步探索适合国情的征税内容和标准，同时要取消民营企业与外资企业的不合理税收政策，取消不合理的征税内容，有效降低地方企业税收负担；三是需要建立健全激励性质的涉企税收减免政策，对农民工相对集中的企业、长期切实履行保障农民工合法权益责任的企业，以及适度开展农民工技能培训的企业，要制定相应的免税政策予以奖励，从而形成有效的激励作用以推动各类企业参与农民工市民化成本分担；四是要以政府为主导，建立健全对企业分担农民工市民化成本的监督约束机制，以法律和行政手段对在法律责任内没有尽到义务的企业和公然侵害农民工权益的企业进行坚决处罚，对游走于法律和政策边缘变相不履行农民工市民化成本分担的企业予以社会公示，用舆论和民意等软性控制方式约束和规范其相关行为。

3. 深化完善农村土地流转体制，激励市场和农民工个体分担

（1）我国现行农村土地流转体制对农民工市民化成本分担激励的不足

相关研究表明，我国现行的农村土地流转体制对农民工市民化具有较强的制约作用。目前学界有关农民工市民化成本分担的诸多研究在其对策和建议中也都将改革农村土地流转体制作为重要方面。可见，国内农村土地流转体制也是当前农民工市民化成本分担的重要的制度约束。

一是既有的法律体系中缺乏对农村土地产权的明确界定，导致农村集体土地在流转过程中产生多元主体，影响土地流转效率。例如，《中华人民共和国

宪法》规定了农村土地中除了法律规定的属于国家以外的土地均属于集体所有，但没有任何法律规定对农村土地的占有权、使用权和处分权进行明确界定，相应的对集体土地流转收益的分配也丧失了法律保障，使农民工对土地流转的权利得不到切实的法律保障。

二是虽有农村土地可以流转的法律法规，但也仅限于一般性的原则规定，没有明确土地流转的内容和程序，在土地流转的具体实践中面临的诸多操作性问题很难找到相应的法律保障，导致土地流转进展缓慢，农民工不愿意参与土地流转，并且即使参与土地流转也很难真正获得充分的收益。

三是土地流转市场的机制建设推进缓慢，农村金融体系也很难对土地流转产生有力的支持，导致市场很难实际参与到农村土地流转过程中。从目前的情况看，我国农村普遍缺乏土地流转的服务交易平台，涉及农村土地流转交易场所、中介机构、价格评估体系和交易体系等软硬件设施均没有有效建立。同时与农村土地流转相配套的金融支持体系和政府监管机制等均不完善，加之土地流转的程序烦琐，导致农村土地流转的交易成本无谓增加，很难吸引市场参与农村土地流转。

总的来说，在上述因素的综合作用下，当前我国农村土地流转存在规范性不强、农民权益受损以及市场参与不足（李淑妍，2013）等诸多问题，在没有明确制度保障、完善的市场机制以及有效的政府监管的情况下，土地流转无论对农民工还是市场均存在较大的风险，实际流转的土地规模较小且时效短（赵云，2013），很难使农民工产生较大的收益去抵消其市民化成本，也无法真正吸引市场参与其中，从创造收益的层面支持对农民工市民化成本的分担。

（2）土地流转激励体制构建设想

建立完善的农村土地流转体制，可以为农民工创造一定的收益，冲抵农民工自身对市民化成本的分担压力，激励农民工个体对市民化的成本分担；吸引市场参与，利用市场机制降低土地流转的交易成本的同时，也能够发挥市场对农民工市民化的贡献作用，从侧面激励市场参与到农民工市民化成本分担中。具体而言，需要构建如图 8-2 所示的土地流转激励机制。

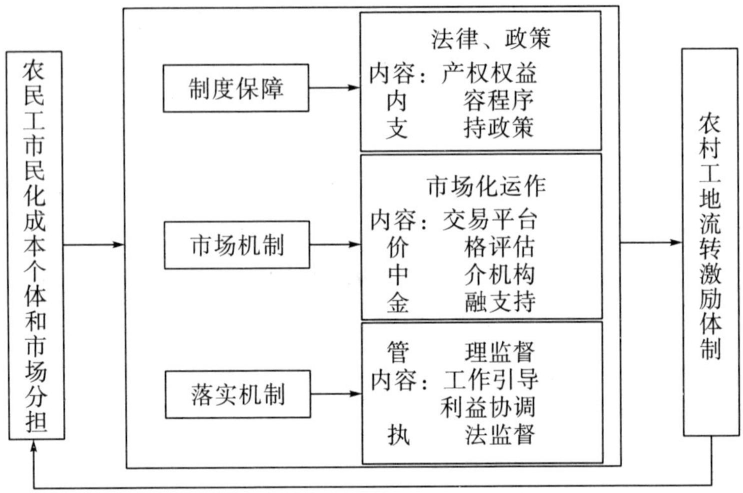

图 8－2 土地流转激励机制构建方案

首先，要完善既有的涉及农村土地流转的法律法规，并制定专项法规保障农民工对集体资产公平分配的合法权益。在《中华人民共和国宪法》和《物权法》的法律框架下，2003 年 3 月 1 日起执行的《农村土地承包法》明确规定了“国家保护承包方依法、自愿、有偿地进行土地承包经营权流转”，并对流转方式进行了总则性说明，但在农村土地流转实际中面临的复杂内容和程序都很难在《农村土地承包法》或其他法律中找到相应的法理依据，极大地限制了农村土地流转的实践操作。同时《农村土地承包法》规定了抵押和债务抵偿时不能进行土地流转，一定程度上限制了农民对土地流转的自主权，不利于农民工为个人发展而进行的创业融资需要。此外，现行的《物权法》《合同法》和《土地管理法》等法律规定在一些法律条文的表述上存在一些出入和冲突，《农村土地承包法》中又没有明确纠正，如对可以流转的土地的表述、土地承包经营权的继承权问题以及集体资产的收益分配问题等，导致在农村土地流转过程中因法律冲突而引发矛盾纠纷（刘卫柏，2013）。综上所述，政府应对相关法律规定进行修订和完善，切实进行法规体系的衔接，消除各法规间的冲突问题；进一步修订和完善《农村土地承包法》，修订一些不符合现实情况需要的限定性法规条文；适时根据农村土地流转中遇到的新情况，在有条件的情况下探索建立新的专门性法规，如《农村土地流转法》等，对实际操作中的农村土地流转进行针对性的保障。

其次，要探索建立符合农村土地流转实际情况的市场机制，推进农村土地流转的市场化运作模式，可以在有条件的地区进行先行先试，然后在总结经验的基础上逐渐推广创新。一是建立并完善土地流转交易平台，如交易场地的基础设施建设、设备建设、信息平台建设以及人才队伍建设；二是要逐步建立并完善农村流转土地价格评估机制，包括探索构建科学合理的价格评估指标体系和建立健全第三方评估机制；三是要引入或逐步培育农村土地流转的中介服务机构，解决农村土地流转过程中的信息不对称、买卖双方不对接等突出问题，同时需要注意规范中介行为，真正发挥中介的服务优势和经济效率；四是要深化农村金融支持体系，大力培育和发展农村金融机构并提高其信贷能力，同时有效探索建立针对农民工的信用评价方法，构建农民工信用体系。

最后，要以政府为主导，构建农村土地流转的工作落实机制。一是要通过政府内部监督规范政府行为，避免以政府行为违背农民工个人意愿强行介入农村土地流转，侵害农民工合法行为的现象；二是要加强对基层农村社区组织的监督，对任何以集体或个人名义侵害农民工土地经营权和流转收益等合法权益的行为予以坚决处罚；三是要加强工作引导，在坚持依法、自愿、有偿的原则下鼓励农民工进行土地流转，并本着公平、公开、透明的原则对土地流转中的相关民事纠纷进行协调化解；四是要进一步加强监督执法力度，司法机关要对农村土地流转中出现的违法行为及时介入，对一般民事纠纷可以采用司法调解，对犯罪行为要予以坚决严厉的打击。

4. 强化政府购买社会服务机制，激励社会分担

社会是农民工市民化的受益对象，相应地也要承担农民工市民化成本的分担责任。现阶段，在深化社会建设和创新社会治理的背景下，我国的基层社会服务组织得到了政府的大力支持和推动，逐渐成为辅助政府参与公共服务和供给公共产品的一大有生力量。在对农民工市民化的成本分担激励层面，政府可以深化完善既定的社会服务购买机制，委托社会组织针对农民工开展其市民化所需的如就业培训、社区参与和社会融入等各项公共服务，激励社会组织参与到推进农民工市民化的过程中，并发挥其服务优势和人才智力优势，有效补充和冲抵政府的公共成本投入，分担农民工市民化的社会成本。

这就需要做好以下几方面的工作：一是要准确定位政府在购买服务中的主体地位和社会组织的委托人地位，强化政府主导和引导；二是要探索健全购买服务的准入机制，结合服务领域、人才队伍等情况合理指定社会服务组织的准入门槛；三是要强化宣传，普及和引导政府部门、社会大众及农民工对社会服务组织的认知和认同，同时引导政府部门、社会大众、农民工和社会组织对农民工市民化服务重要性的认知；四是要加大购买力度，要在财政支出能力范围

内提高对农民工市民化服务的购买额度，保障购买的激励性和服务的广度、深度，使社会服务组织真正根据农民工市民化需要的众多领域开展针对性服务；五是要建立合理的资金拨付机制，严格按照财务和审计规定进行资金拨付，同时可以按照服务项目前、服务项目中和服务项目后进行三阶段资金拨付；六是要大力培育发展基层社会服务组织，从政策支持、工作保障等外部层面切实强化基层社会服务组织的发展能力尤其是筹资能力，引导和促进社会服务组织有效积累社会闲散资源投入农民工市民化服务中；七是要建立针对社会服务组织的动态跟踪督导机制和绩效考核机制，要结合地方民政系统或高校的社会工作专业人才优势，对服务组织开展动态跟踪督导，同时要探索建立合理的服务效果评价指标体系和评价方法，对服务成效进行科学评估。

总的来说，除上述激励内容外，需要补充的是，应该尽快建立起农民工市民化成本分担主体间的沟通协作机制，可以以政府为主导建立并完善农民工市民化及其成本分担信息平台，收集并定期发布各主体对农民工市民化的实际贡献情况，将各主体的成本分担行为置于社会监督之下的同时，能够有效互通信息，加强沟通协作，积极投入实际的成本分担行动中，并可以从沟通协作层面消减因沟通不畅、互不信任而人为增加的农民工市民化成本。

参考文献

安东尼·吉登斯.第三条道路及其批评［M］.孙相东，译.北京：中共中央党校出版社，2002.

蔡昉，都阳，王美艳.户籍制度与劳动力市场保护［J］.经济研究，2001（12）：41－49.

蔡翼飞，魏后凯，吴利学.中国城镇化成本的度量研究［J］.发展研究，2014（1）：4－13.

曹兵，郭玉辉.论农民工市民化的社会成本构成［J］.经济论坛，2012（8）：116－118.

曹宗平.农村剩余劳动力转移的成本分析及路径选择［J］.山东社会科学，2009（4）：74－77.

陈宝华.农民工市民化进程中的住房问题研究［J］.农村经济与科技，2018（11）：226－229.

陈丰.从“虚城市化”到市民化：农民工城市化的现实路径［J］.社会科学，2007（2）：110－120.

陈广桂.房价、农民市民化成本和我国的城市化［J］.中国农村经济，2004（3）：43－47.

陈锡文.当前我国农村改革发展面临的几个重大问题［J］.农业经济问题，2013（1）：4－6.

陈宪，韩太祥.经济学原理与应用［M］.北京：高等教育出版社，2006.

陈一非.广东新型城镇化的成本测算及金融支持［J］.广东科技，2013（18）：3－4.

陈怡男，刘鸿渊.农民工市民化公共属性与制度供给困境研究［J］.经济体制改革，2013（4）：80－84.

陈映芳.征地农民的市民化——上海市的调查［J］.华东师范大学学报（哲学社会科学版），2003（3）：88－95.

程名望，史清华. 非经济因素对农村剩余劳动力转移作用和影响的理论分析［J］. 经济问题，2009（2）：90－92.
刁承泰，黄京鸿. 城市发展的经济成本分析——以重庆市为例［J］. 重庆建筑大学学报，2005（5）：1－5.
丁萌萌，徐滇庆. 城镇化进程中农民工市民化的成本测算［J］. 经济学动态，2014（2）：36－43.
丁萧. 农民工市民化住房供给成本研究——以广东省佛山市为例［J］. 调研世界，2014（11）：41－46.
董春宇. 公共决策需求与供给问题研究［D］. 长春：吉林大学，2007.
段学芬. 农民工的城市生活资本与农民工的市民化［J］. 大连理工大学学报（社会科学版），2007（3）：70－77.
杜宝旭. 农民工市民化私人成本收益均衡系数及其城镇化效应［J］. 经济与管理研究，2018（4）：98－109.
杜海峰，顾东东，杜巍. 农民工市民化成本测算模型的改进及应用［J］. 当代经济科学，2015（2）：1－10.
杜晓利. 富有生命力的文献研究法［J］. 上海教育科研，2013（10）：1.
范红忠. 我国农村劳动力转移过程的成本分析［J］. 农村经济，2006（3）：107－109.
方云峰. 促进企业人力资本投资的税收政策研究［D］. 重庆：重庆大学，2015.
冯帮，刘安菱. 流动儿童“两为主”政策的失真与回归［J］. 基础教育研究，2017（21）：11－14.
冯俏彬. 构建农民工市民化成本的合理分担机制［J］. 中国财政，2013（13）：63－64.
冯文全，许晨莺. 解决农民工随迁子女义务教育问题——基于教育券的视角［J］. 教育与经济，2013（5）：68－72.
傅东平，李强，纪明. 农业转移人口市民化成本分担机制研究［J］. 广西社会科学，2014（4）：72－77.
傅景远. 农村剩余劳动力资源的低成本转移［J］. 农业与技术，2003（5）：47－49.
甘满堂. 社会学的“内卷化”理论与城市农民工问题［J］. 福州大学学报（哲学社会科学版），2005（1）：33－38.
高培勇. 公共经济学［M］. 北京：中国人民大学出版社，2012.
高拓，王玲杰. 构建农民工市民化成本分担机制的思考［J］. 中州学刊，2013

(5)：45-48.

高岩辉，刘科伟，张晓露. 劳动力转移的理论流派与地理学的视角 [J]. 人文地理，2008 (5)：112-118.

顾忠华. 韦伯学说 [M]. 桂林：广西师范大学出版社，2004.

郭聪惠. 城市化进程中农民工城市归属感问题探微 [J]. 兰州学刊，2008 (9)：90-92.

郭涛，宋德勇. 农村劳动力转移的二元经济内生增长模型 [J]. 南方经济，2006 (8)：77-84.

国务院研究室课题组. 中国农民工调研报告 [M]. 北京：中国言实出版社，2006.

郭羽诞. 西方经济学 [M]. 北京：经济科学出版社，2005.

何玲玲，蔡炉明. 农民市民化的成本解构 [J]. 重庆社会科学，2016 (3)：43-50.

何微微. 新生代农村劳动力转移动因研究——1109 份调查数据的实证分析 [J]. 现代财经（天津财经大学学报），2016 (11)：11-20.

何微微，胡小平. 非经济预期因素对农村劳动力转移的影响——托达罗模型的修正与实证检验 [J]. 农业技术经济，2017 (4)：6-17.

何微微，胡小平. 代际差异视域下的农村劳动力转移影响动因研究——基于微观数据的实证分析 [J]. 财经论丛，2017 (9)：3-9.

侯钧生. 西方社会学理论教程 [M]. 天津：南开大学出版社，2010.

胡桂兰，邓朝晖，蒋雪清. 农民工市民化成本效益分析 [J]. 农业经济问题，2013 (5)：83-87.

胡拥军，高庆鹏. 市民化成本分担机制的“暗战” [J]. 决策，2015 (1)：44-46.

胡苏云，赵敏. 流动人口社区服务型管理模式研究 [J]. 中国人口科学，1997 (4)：22-29.

黄晨熹. 大城市外来流动人口特征与社区化管理 [J]. 中国软科学，1999 (7).

黄闯. “民工荒”视域下新生代农民工就业研究 [J]. 理论研究，2011 (4)：45-48.

黄德林，陈永杰. 农民工职业技能培训意愿及影响机理研究——基于武汉市、厦门市、沧州市的实证调查 [J]. 中国软科学，2014 (3).

黄国华. 农村劳动力转移影响因素分析：29 个省市的经验数据 [J]. 人口与发展，2010 (1)：2-10.

黄国华.成本与市场双重约束下农村劳动力转移影响因素研究［J］.中国农村观察，2010（1）：34－40.

黄进.人力资本对农民工市民化的影响研究［J］.中国劳动，2016（5）：4－9.

黄江泉，谢艳华.人力资本要素驱动下农民工城镇落户问题研究［J］.中南林业科技大学学报（社会科学版），2018（2）：63－71.

黄江泉，钟莎，万晓凡.农民工人力资本养成中的“公地悲剧”探析［J］.农业经济，2018（3）：67－69.

黄佩华，迪帕克.中国：国家发展和地方财政［M］.北京：中信出版社，2003.

黄泰岩，张培丽.改变二元结构，实现城乡发展一元化［J］.前线，2004（5）：26－28.

简新华，黄锟.中国工业化和城市化过程中的农民工问题研究［M］.北京：人民出版社，2008.

金雅清，查道林.进城农民工子女义务教育经费保障问题研究——基于教育券视角［J］.特区经济，2013（2）：82－84.

姜雪梅.农民工住房问题与对策建议［J］.中国经贸导刊，2014（1）：62－63.

姜作培.六统一：农民市民化的对策选择［J］.云南财经大学学报，2003（1）：100－103.

柯兰君，李汉林.都市里的村民——中国大城市的流动人口［M］.北京：中央编译出版社，2001.

黎红，杨黎源.农民工市民化成本评估与经济收益——以宁波为例［J］.浙江社会科学，2017（12）：100－106.

李长生.云南省农民工市民化成本测算及分担机制研究［J］.云南农业大学学报（社会科学版），2015（6）：1－7.

李丰春.农村剩余劳动力转移的成本—效益分析［J］.农村经济，2005（8）：86－88.

李洪山，范宇鹏.对西方经济学中有关成本含义的理解——兼谈与我国有关成本概念的异同点［J］.绿色财会，1996（4）：13－14.

李俭国，张鹏.新常态下新生代农民工市民化社会成本测算［J］.财经科学，2015（5）：131－140.

李培林.流动民工的社会网络和社会地位［J］.社会学研究，1996（4）：42－52.

李平，陈萍.城市化、财政支出与城乡公共服务差距［J］.财经问题研究，2014（9）：64－71.

李齐云. 西方财政分权理论及启示［J］. 山东科技大学学报（社会科学版），2003（3）：74－79.

李善峰. 农村剩余劳动力转移的社会成本研究［J］. 福建论坛（经济社会版），1996（2）：14－16.

李淑妍. 农民工市民化视角下的农村土地流转问题研究［D］. 沈阳：辽宁大学，2013.

李涛. 农民工流动过程中的需求与障碍——京、粤、青（岛）三地农民工生存与发展基本状况调查报告［M］// 李真. 流动与融合. 北京：团结出版社，2005.

李体欣，张琦. "二元经济"条件下的我国劳动力转移问题研究——基于我国农村的农地制度对"民工荒"现象的理论探讨［J］. 经济问题探索，2010（12）：106－111.

李小敏，涂建军，付正义. 我国农民工市民化成本的地域差异［J］. 经济地理，2016（4）：133－140.

李艳，孔德永. 农民工对城市认同感缺失的现状、原因与对策分析［J］. 山东农业工程学院学报，2008（5）：16－18.

厉以宁. 厉以宁改革论集［M］. 北京：中国发展出版社，2008.

林闽钢. 现代西方社会福利思想［M］. 北京：中国劳动社会保障出版社，2012.

刘传江. 中国城市化的制度安排与创新［M］. 武汉：武汉大学出版社，1999.

刘传江. 当代中国农民发展及其面临的问题（二）农民工生存状态的边缘化与市民化［J］. 人口与计划生育，2004（11）：44－47.

刘传江，徐建玲. 中国农民工市民化进程研究［M］. 北京：人民出版社，2008.

刘鸿渊. 基于嵌入理论的农村社区性公共产品供给合作行为研究［D］. 成都：西南交通大学，2016.

刘卫柏. 我国农村土地流转机制研究［D］. 长沙：中南大学，2013.

刘星，文政. 财政分权理论述评［J］. 管理世界，2008（5）：184－185.

娄文龙，周海欣，张娟. "人地挂钩"视角下农民工宅基地流转与住房保障的衔接模式研究［J］. 农业经济，2018（5）：93－95.

卢海元. 实物换保障：完善城镇化机制的政策选择［D］. 北京：中国社会科学院，2002.

卢海元. 走进城市：农民工的社会保障［M］. 北京：经济管理出版社，2005.

陆林. 融入与排斥的两难：农民工入城的困境分析［J］. 西南大学学报（社会科学版），2007（6）.

陆学艺. 走出“城乡分治，一国两策”的困境［J］. 读书，2000（5）：13－16.
罗伟卿. 财政分权理论新思想：分权体制与地方公共服务［J］. 财政研究，2010（3）：11－15.
马广海. 农民工的城市融入问题［J］. 山东省农业管理干部学院学报，2001（3）：67－69.
马世英，崔宏静，王天新. 新生代农民工职业培训支付意愿的影响因素［J］. 人口学刊，2014（3）.
米庆成. 进城农民工的城市归属感问题探析［J］. 青年研究，2004（3）：25－32.
彭加亮，罗祎. 建立和完善面向农民工的住房公积金制度研究［J］. 华东师范大学学报（哲学社会科学版），2016（6）：150－156.
彭希哲. 推动人口合理流动，促进社会经济发展［M］//柯兰君，李汉林. 都市里的村民——中国大城市的流动人口. 北京：中央编译出版社，2001.
钱正武. 青年农民工的市民化问题分析［J］. 青年探索，2006（1）：3－8.
单菁菁. 城市农民工社会适应状况与生活满意度调查［M］//中国社会科学院青年人文社会科学研究中心. 国情调研（2006）. 济南：山东人民出版社，2008.
单菁菁，牛凤瑞. 中国城市科学发展报告［M］//牛凤瑞. 城市蓝皮书. 北京：社会科学文献出版社，2009.
单菁菁. 农民工融入城市的若干经济问题分析［R］. 中国社会科学院重点课题研究报告，2010.
单菁菁. 农民工市民化的成本及其分担机制研究［J］. 学海，2015（1）：177－184.
邵梦洁，盛明科. 地方政府政绩困局的成因及其化解——以财政分权理论为视角［J］. 当代经济管理，2013（9）：81－87.
申兵. “十二五”时期农民工市民化成本测算及其分担机制构建——以跨省农民工集中流入地区宁波市为案例［J］. 城市发展研究，2012（1）：86－92.
谌新民，周文良. 农业转移人口市民化成本分担机制及政策涵义［J］. 华南师范大学学报（社会科学版），2013（5）：134－141.
石宏伟，刘刚. 农民工随迁子女义务教育供给模式创新研究——基于政府—市场—社会协作的分析框架［J］. 江海学刊，2017（2）.
石忆邵，王樱晓. 基于意愿的上海市农民工市民化成本与收益分析［J］. 同济大学学报（社会科学版），2015（4）：50－58.
眭海霞，陈俊江. 新型城镇化背景下成都市农业转移人口市民化成本分担机制

研究 [J]. 农村经济，2015 (2)：119－123.
孙垂强，焦振玲. 农民工职业上升及分化研究 [J]. 安徽农业大学学报（社会科学版），2016 (3).
孙毅，苏荟，张继伟. 劳动力教育水平、职业培训与转移就业的减贫效应——基于新疆南疆地区的实证研究 [J]. 职业技术教育，2018 (24)：61－65.
孙永正. "农民工市民化"成本与收益的辨析 [J]. 经济问题，2016 (3).
孙正林，佐赫. 农民工市民化成本估算与分担机制 [J]. 学术交流，2016 (10).
唐健. 让农民"带地进城"[J]. 中国土地，2010 (7)：19－21.
王春光. 农民工的"半城市化"问题：流动与融合 [M]. 北京：团结出版社，2005.
王春光. 农民工的社会流动和社会地位的变化 [J]. 江苏行政学院学报，2003 (4)：51－53.
王春光. 农村流动人口的"半城市化"问题研究 [J]. 社会学研究，2006 (5)：107－122.
王凡恩. 我国农村剩余劳动力转移的隐性成本分析 [J]. 改革与战略，2007 (3)：90－92.
王桂芳. 城市农民工市民化问题研究综述 [J]. 中共山西省委党校学报，2008 (5)：51－53.
王华轲. 政府与企业在新生代农民工培训中的角色定位研究 [J]. 成人教育，2016 (11)：9－13.
王家峰. 福利国家改革：福利多元主义及其反思 [J]. 经济社会体制比较，2009 (5)：85－90.
王家庭. "低成本、集约型"城市化模式的理论分析及低碳发展路径研究 [J]. 当代经济管理，2012 (1)：52－56.
王金秀，方海波. 解决农民工子女义务教育问题的财政激励机制 [J]. 华中师范大学学报（人文社会科学版），2008 (4)：10－15.
王敬尧，叶成. 地方财政视角下的农民市民化成本 [J]. 华中师范大学学报（人文社会科学版），2015 (5)：12－20.
王志锋，杨少丽. 高成本条件下城市化持续发展的制度创新研究 [J]. 城市发展研究，2013 (5)：76－76.
王正中. 以市民化推进农民的现代化 [J]. 马克思主义与现实，2006 (6)：133－135.
魏澄荣，陈宇海. 福建省农民工市民化成本及其分担机制 [J]. 中共福建省委党校学报，2013（11）：113－118.

卫龙宝，王文亭.农民工市民化的成本与收益：研究评述与理论框架构建［J］.西北农林科技大学学报（社会科学版），2018（3）：43－50.

伍雪媚，李学坤，张榆琴.四川省农民工市民化成本模型构建及测算［J］.四川农业大学学报，2016（2）：250－256.

歆远.子女随迁可助推农民工市民化［N］.第一财经日报，2018－01－17（A11）.

谢韬，Lee Sigelman.中美政治学研究方法之比较［J］.浙江社会科学，2008（5）：2－12.

熊婕，腾洋洋.农村异质性劳动力转移对城乡收入差距的影响机制与检验——基于刘易斯二元经济理论的推理和实证分析［J］.中国人口科学，2010（1）：31－40.

徐宏伟，唐铁山.湖北省农村剩余劳动力转移影响因素的实证分析［J］.湖北社会科学，2015（8）：61－67.

徐琴.政府主导型城市化的绩效与成本［J］.学海，2004（3）：85－90.

徐志旻.进城农民工家庭的城市适应性——对福州市五区132户进城农民工家庭的调查分析与思考［J］.福州大学学报（哲学社会科学版），2004（1）：106－111.

许峰.农民市民化问题探讨［J］.林业经济，2004（20）：52－53.

许光.农业转移人口市民化公共成本测算及分担机制优化建议——基于江浙沪省域面板数据的横向比较［J］.农村经济，2018（9）：114－120.

薛以硕，张继良.农民工市民化成本研究现状分析［J］.调研世界，2014（10）：50－54.

阎坤，陈昌盛.中国财政分权的实践与评析［J］.广东社会科学，2003（5）：39－46.

闫文秀.流动民工的边缘化问题综述［J］.求实，2005（2）：85－87.

颜秀金.农民工市民化：篱栅重重［J］.人力资源，2006（13）：18－19.

杨东.城市化进程中农民市民化问题研究［J］.理论探索，2003（6）：59－60.

杨东平，秦红宇，魏佳羽.中国流动儿童教育发展报告（2016）［M］.北京：社会科学文献出版社，2017.

杨风.城市化进程中农民市民化问题研究综述［J］.上海城市管理职业技术学院学报，2009（3）：90－93.

杨浩.农村劳动力转移中的土地流转研究——以资阳市保和镇九老洞村为例的

分析 [D]. 重庆：西南大学，2009.

杨先明. 构建农民工市民化的社会成本分摊机制 [J]. 经济界，2011 (3)：31－32.

杨志明. 绘就新时代农民工市民化的蓝图 [N]. 人民政协报，2017－11－14.

叶鹏飞. 城市化发展须提高农民工经济能力 [N]. 中国社会科学报，2011－11－08.

俞雅乖，刘玲燕. 农民工市民化的“逐步推进”及其基本公共服务投入成本分担机制研究 [J]. 特区经济，2014 (12)：130－131.

余玉平. 农村劳动力转移的成本收益分析及政策建议 [J]. 农村经济，2004 (6)：76－77.

袁小燕. 城市化进程中的农民市民化问题浅探 [J]. 党政视野，2005 (1)：4－8.

原新. 二元经济论与劳动力转移理论——兼论中国劳动力转移 [J]. 人口与经济，1998 (2)：44－48.

岳伟，于利晶. “两为主”政策执行失真的原因及对策研究 [J]. 教育理论与实践，2013 (17)：11－14.

詹姆斯·布坎南. 成本与选择 [M]. 刘志铭，李芳，译. 杭州：浙江大学出版社，2009.

詹姆斯·M. 布坎南. 自由市场和国家 [M]. 吴良健，桑伍，曾获，译. 北京：北京经济学院出版社，1988.

张国胜. 中国农民工市民化：社会成本视角的研究 [M]. 北京：人民出版社，2008.

张国胜. 基于社会成本考虑的农民工市民化：一个转轨中发展大国的视角与政策选择 [J]. 中国软科学，2009 (4)：56－59.

张国胜，陈瑛. 社会成本、分摊机制与我国农民工市民化——基于政治经济学的分析框架 [J]. 经济学家，2013 (1)：77－84.

张国胜，谭鑫. 第二代农民工市民化的社会成本、总体思路与政策组合 [J]. 改革，2008 (9)：98－104.

张宏军. 西方公共产品理论溯源与前瞻——兼论我国公共产品供给的制度设计 [J]. 贵州社会科学，2010 (6)：120－124.

张华初，罗光容，刘胜蓝. 农业转移人口市民化公共成本测算——以广州市为例 [J]. 城市问题，2015 (6)：7－13.

张继良，马洪福. 江苏外来农民工市民化成本测算及分摊 [J]. 中国农村观察，

2015 (2): 44-56.

张杰庭，关于建立地方政府解决农民工子女义务教育问题财政激励机制的建议［N］. 人民政协报，2009-03-08.

张千帆. 中央与地方财政分权——中国经验、问题与出路［J］. 民主与科学，2011 (5): 47-52.

张清钦. 基于人力资源社会价值的职业培训激励机制构建研究［D］. 成都：西华大学，2016.

张时玲. 农民工和城市社会的关系分析［J］. 黄冈师范学院学报，2006 (2): 28-32.

张世友. 三峡库区城镇化进程中农民市民化的角色障碍及其调适策略［J］. 农村经济，2004 (12): 85-87.

张蔚. 快速城镇化进程中农村土地退出机制研究［D］. 重庆：西南大学，2011.

张新岭，赵永乐，林竹，等. 农民工就业：人力资本和社会资本的耦合分析［J］. 农村经济，2007 (12): 117-120.

张欣炜，宁越敏. 农业转移人口市民化成本测算及分担机制研究——以山东省淄博市为例［J］. 城市发展研究，2018 (1): 55-62.

张元庆. 城镇化、农民工内生性市民化与制度激励［J］. 财经科学，2016 (1): 121-132.

赵勍，张金麟. 基于私人成本与私人收益的农民工市民化意愿研究［J］. 华东经济管理，2012 (12).

赵云. 促进农村土地流转推动农民工市民化［J］. 人民论坛，2014 (20): 72-74.

郑杭生. 农民市民化：当代中国社会学的重要研究主题［J］. 甘肃社会科学，2005 (4): 4-8.

中国科学院可持续发展战略研究组. 2012 中国可持续发展战略报告：全球视野下的中国可持续发展［M］. 北京：科学出版社，2012.

周春山，杨高. 广东省农业转移人口市民化成本——收益预测及分担机制研究［J］. 南方人口，2015 (5): 20-31.

周晓虹. 流动与城市体验对中国农民现代性的影响——北京“浙江村”与温州一个农村社区的考察［J］. 社会学研究，1998 (5): 60-73.

朱考金. 城市农民工的心态与观念——以南京市 600 例样本的频数分布为例［J］. 社会，2003 (9): 10-12.

祝仲坤，冷晨昕. 农民工住房公积金制度的运行现状——基于中国劳动力动态调查数据的分析［J］. 城市问题，2017 (3): 80-86.